すぐに役立つ　最新

退職・失業等給付・生活保護の法律と手続き

社会保険労務士
林 智之 [監修]

三修社

本書に関するお問い合わせについて

　本書の記述の正誤に関するお問い合わせにつきましては、お手数ですが、小社あてに郵便・ファックス・メールでお願いします。大変恐縮ですが、お電話でのお問い合わせはお受けしておりません。内容によっては、お問い合わせをお受けしてから回答をご送付するまでに1週間から2週間程度を要する場合があります。

　なお、本書でとりあげていない事項についてのご質問、個別の案件についてのご相談、監修者紹介の可否については回答をさせていただくことができません。あらかじめご了承ください。

はじめに

　退職や解雇は、生活に直結する問題です。自己都合で会社を退職する場合だけでなく、自分が望んでいなくても、会社から退職を迫られたり、解雇通告されたという人もいると思います。会社から不当な退職勧奨や解雇されたような場合には、生活を維持するためにも泣き寝入りせずに、権利を主張していかなければならない場合もあるでしょう。

　失業した際のセーフティネットとして利用できるのが雇用保険です。雇用保険は、失業時に必要な生活保障を行う給付とともに、高齢、育児、介護により就業が困難な状況においても給付を行います。さらに、失業給付の受給中には国や地方自治体の行っている公共職業訓練などを受講することができ、必要なスキルや知識を身に付けることもできます。職業訓練制度については、受講料なども安く、受講しやすいようにさまざまな配慮がなされていますので、「知っている」と「知らない」では後々の生活に大きな違いがでてくる場合があります。

　また、近年、生活保護の受給者が増加しています。生活保護というと、よいイメージをもっていない人もいらっしゃると思いますが、生活保護制度は、憲法が定める「健康で文化的な最低限度の生活を営む権利」を保障している制度ですので、働けず、生活していけないような場合のセーフティネットとして、生活保護のしくみや申請方法を知っておく必要もあるでしょう。

　本書は、解雇、退職についての法律知識にはじまり、失業等給付の手続きや上手なもらい方、職業訓練のしくみと活用法、雇用以外の働き方についての法律知識、生活保護を受給するために必要な知識と申請手続き、困ったときに活用できる公的給付と救済制度を1冊に集約しています。令和6年施行のフリーランス新法や、令和5年の生活扶助基準額の改定、令和6年の雇用保険法、生活困窮者自立支援法、生活保護法の改正など、最新の情報に対応しています。

　本書をご活用いただき、皆様のお役に立てていただければ監修者として幸いです。

監修者　社会保険労務士　林　智之

Contents

はじめに

第1章　会社を辞めるときの法律と手続き

1　退職を決意したらまず何をすべきか　　10

2　雇用保険の手続きについて知っておこう　　13

3　資格確認書（健康保険被保険者証）は退職後5日以内に返却する　15

4　もし退職勧奨されたら上手に交渉しよう　　17

5　解雇について知っておこう　　19

6　パートやアルバイトの解雇・雇止めについて知っておこう　　22

7　会社が倒産した場合にはどうなるのか　　25

第2章　失業等給付の法律と手続き

1　雇用保険給付の全体像を知っておこう　　28

2　どんな人が雇用保険の給付を受けることができるのか　　31

3　求職者給付でもらえる額を確認しておこう　　34

4　求職者給付の受給日数は人によって違う　　37

5　受給日数が延長されることもある　　40

6　受給期間を延長できる場合とは　　42

　　書式　受給期間延長申請書サンプル　　43

7　どんな場合に特定受給資格者となるのか知っておこう　　44

8　自己都合か会社都合かの判断基準はどうなっているのか　　47

9　基本手当の給付制限が行われない場合もある　　49

10　雇用保険の手続きはハローワークで行う　　51

11 離職票が届いたらどうする 53

　書式 雇用保険被保険者離職証明書サンプル 54

12 ハローワークでどんな手続きをするのか 57

　書式 求職申込書サンプル 61

　資料 雇用保険受給資格者証サンプル（第1面） 64

　資料 雇用保険受給資格者証サンプル（第2面） 65

13 失業認定申告書はこう書く 66

　書式 失業認定申告書サンプル 67

14 失業等給付の受給中に病気やケガをしたらどうする 68

　書式 傷病手当支給申請書サンプル 69

15 雇用継続給付にはどんな給付があるのか 70

16 再就職先が見つからないときはどうする 73

17 再就職を支援するさまざまな給付について知っておこう 77

18 失業中に働いて収入があったらどうなる 83

　Q&A 失業等給付の給付制限期間中にアルバイトをすると、再就職したものとして扱われ、失業手当の受給権が消滅してしまうのでしょうか。 87

　Q&A マイナポータルで雇用保険の加入期間を確認したり、離職票を直接送付できるとのことですが、マイナポータルでは、どのようなことができるのでしょうか。 89

Column 育児休業給付で新設される2つの制度 90

第3章　職業訓練のしくみと活用法

1 ハロートレーニングについて知っておこう 92

2 いろんなコースがある 98

3 合格するために最低限知っておきたいこと　104

4 訓練延長給付と受講時の注意点について知っておこう　106

5 求職者支援制度について知っておこう　110

6 職業訓練を行っている機関について知っておこう　112

Column 会社都合の休業では雇用調整助成金を活用できる　116

第4章　雇用以外の働き方についての法律知識

1 労働者派遣とはどのようなものなのか　118

2 派遣期間の原則と例外について知っておこう　120

　Q&A 短期（日雇い）派遣が例外的に認められている業種にはどんなものがあるのでしょうか。　122

3 フリーランスとして仕事をする場合のメリット・デメリット　124

4 フリーランス新法について知っておこう　126

5 副業・兼業によって本業以外の仕事で収入を得る　132

6 複数の事業所で働く場合の労働時間の通算方法はどうなる　136

Column 副業・兼業と雇用保険、社会保険の扱い　138

第5章　生活保護のしくみと申請手続き

1 生活保護とはどんな制度なのか　140

2 生活保護を受けるための要件について知っておこう　143

3 扶養義務について知っておこう　148

4 生活保護の受給資格について知っておこう　150

5 住居をめぐる問題について知っておこう　152

6 一定の資産があるとどうなる　155

7 収入があると生活保護は受けられない　158

8 生活保護の申請ではどんな書類が必要なのか　160

9 申請手続きの流れはどうなっているのか　163

　書式 生活保護申請書サンプル　167

　書式 同意書サンプル　168

10 家庭訪問について知っておこう　169

11 福祉事務所に相談する　171

12 福祉事務所に行く際に知っておくべきこと　174

13 障害のある人が生活保護を受けるにはどうする　177

14 病気やケガをした場合の生活保護について知っておこう　180

　Q&A 公園や路上、橋の下や駅の構内などで野宿生活をしていて
　も生活保護は受けられるのでしょうか。　184

　Q&A 日本国籍を持っていなくても生活保護を受給できるので
　しょうか。　185

15 その他の申請についての注意点　187

16 生活保護にはどんな種類があるのか　189

17 生活扶助について知っておこう　193

18 その他の扶助について知っておこう　199

19 勤労控除について知っておこう　205

20 実際にはどの程度の生活保護費がもらえるのか　208

21 就労支援や健康管理・家計管理の支援について知っておこう　210

　Q&A 生活保護を受けるとどんな施設が利用できるのでしょうか。　212

22 受給後の生活が心配になったらどうする　213

23 生活保護の開始後にはどんな問題点があるのか　215

Q&A 生活保護の支給が停止・廃止される場合について教えてください。 217

24 生活困窮者自立支援法について知っておこう 218

Column 令和6年の生活保護法の改正 224

第6章　困ったときに役立つ公的給付と救済制度

ケガ・病気・障害・死亡 226

療養（補償）給付　226／療養の給付　226／休業（補償）給付　228／傷病手当金　229／高額療養費制度　230／障害（補償）一時金　232／障害（補償）年金　232／高額介護サービス費　233／遺族（補償）給付　234／葬祭料（葬祭給付）　235／埋葬料　236／所得税の医療費控除　236

出産・子育て・介護 238

出産育児一時金　238／出産手当金　239／育児休業給付金　239／産休中の社会保険料免除　241／育児休業期間中の社会保険料免除　242／児童手当　243／児童扶養手当・特別児童扶養手当　243／ひとり親家庭等医療費助成　245／母子（父子）寡婦福祉資金貸付金制度　245／就学援助制度　246

その他 247

国民健康保険の保険料減免　247／国民年金の保険料免除・納付猶予　247／所得税の還付　248／生活福祉資金の貸付け　249／住宅ローン減税　250／災害弔慰金　251／災害障害見舞金　251／雑損控除　252／災害減免法による所得税の減額　253／国税の納付の猶予制度　253／住居確保給付金　254

Column パートタイマーの所得調整・年末調整・社会保険 255

第1章

会社を辞めるときの
法律と手続き

1 退職を決意したらまず何をすべきか

雇用保険、年金、健康保険などやることはたくさんある

転職先が決まっているかどうかで分かれる

退職の申入れは社長（代表取締役）宛に退職届や退職願といった形で文書を出すのが一般的です。ただ、就業規則で退職手続きが決められている会社もありますので確認してみましょう。退職しようと思ったときになってまず気になるのが雇用保険や健康保険、年金といった社会保険関係の手続きの問題でしょう。これらの手続きについては転職先が決まっているかどうかで事情が異なってきます。

① 転職先が決まっていないとき

転職も珍しくない昨今の事情を差し引いて考えたとしても、雇用保険や社会保険関係の手続きについては、会社がやってくれていたはずですから、知らないことの方が多いのではないでしょうか。雇用保険の失業給付は、所定の期間内に自分でハローワークに出向き、失業の認定などの手続きをしなければ、何ももらえません。本書で概要をつかんだ上で、細かい不明点については、市区町村役場やハローワーク（公共職業安定所）、年金事務所、健康保険組合などに問い合わせるようにしましょう。

② 転職先が決まっているとき

退職後にすぐ再就職する場合には転職先の会社で雇用保険や社会保険の手続きをしてくれるので心配する必要はないでしょう。

社会保険は請求しなければ給付されない

社会保険についまず頭に入れておかなければならないことは、自分で請求しなければ、何ももらえないということです。たとえば、65歳

になれば自動的に年金が支給されるかというとそうではありません。一定の時期に必要な手続きをしなければ年金ももらえない、ということになってしまいます。不明なことや不安なことなどがあればそのままにせず、市区町村役場、年金事務所、健康保険組合などにこまめに問い合わせるようにしましょう。

確定申告も忘れずにする

　会社を辞めると、確定申告などの税金の手続きは自分で行わなければなりません。一方、再就職した場合には、前に勤めていた会社からもらった源泉徴収票を、新しく勤めた会社に提出すれば、前の会社の分もあわせて手続き（年末調整）をしてもらえます。

　確定申告をする場合は毎年2月16日から3月15日の間に、住所地を管轄する税務署で所定の手続きを行うことになります。

　所得税の確定申告をすれば、同時に住民税の申告をしたことになりますので、改めて住民税の申告書を市区町村に提出する必要はなくなります。

退職前後に行う手続きを把握しておく

　退職者は、退職後の手続きに備えて退職前から準備をしておかなければなりません。最近の厳しい経済状況を考えると、新しい職場がすぐに見つかるとも限りません。そのため、当初の思惑どおりにいかなくなった場合を想定して、保険や年金についてあらかじめ知っておくと、いざという時にあわてずに対応することができます。年金については、退職前に年金手帳または基礎年金番号通知書の有無を確認しておきましょう。国民年金の種別変更手続きが必要な場合には自分が住んでいる市区町村役場に行き、手続きをする必要があります。退職者が退職前後に行う手続きと注意点は、次ページの図のとおりです。

第1章　会社を辞めるときの法律と手続き　　11

■ 退職前後にしておく手続き ·····························

雇用保険	退職前	・退職後、失業せずに就職できるかどうかの見通しを立てる ・失業手当を受給する場合は基本手当の金額の計算に使用するため、退職前6か月間の給与明細を保管する ・雇用保険被保険者証の有無を確認
	退職後	・ハローワークに求職の申込みと受給資格決定 ・7日間の待期期間を経る ・4週間に一度ハローワークで失業の認定を受ける ・失業認定日から1週間程度で所定日数分の基本手当が支給される(自己都合の場合、※1か月または3か月の給付制限期間はもらえない)※令和7年4月から ・離職票を確認(離職票はハローワークに提出する前にコピーをとっておくとよい)
健康保険	退職前	・健康保険証の返却 ・退職後に加入する健康保険についての情報を集める ・健康保険証のコピーをとっておく
	退職後	・任意継続する場合、退職日の翌日から20日以内に協会けんぽまたは会社の健康保険組合で手続きをする ・国民健康保険に加入する場合、退職日の翌日から14日以内に、退職者の住所地を管轄する市区町村 役場で手続きをする ・会社に申請して健康保険資格喪失証明書を入手する ・家族の被扶養者になる場合、退職日の翌日から5日以内に扶養者が扶養者の勤務先で手続きを行う
年金	退職前	・ねんきん定期便やねんきんネットなどで、加入期間や受給見込額に不審な点がないかを確認する ・年金手帳または基礎年金番号通知書の有無を確認 ・年金加入歴の確認 ・年金見込額の試算(定年退職者)
	退職後	・60歳以上の老齢年金を受給できる退職者の場合、年金手帳または基礎年金番号通知書を用意し、年金事務所に老齢給付の受給手続きを行う(裁定請求書の提出) ・国民年金の種別変更手続き
税金	退職前	・退職所得の受給申告書を作成
	退職後	・退職前に勤めていた会社に、確定申告に必要な 源泉徴収票の発行を依頼する ・確定申告

2 雇用保険の手続きについて知っておこう

雇用保険の加入期間を確かめておくこと

会社を辞める前に必ず雇用保険の加入期間を確かめよう

退職後、すぐに再就職しない場合には、いったん失業することになります。失業中の生活を保障してくれるのが雇用保険です。雇用保険の失業等給付（失業・介護・教育訓練の受講といった事情が生じた場合に雇用保険から支給される給付）のうちの求職者給付（失業後の求職中の間に受けられる給付）の基本手当を受けられるかどうかの判断は、原則として被保険者期間が退職日以前の2年間に通算12か月以上あるかどうかで決まります。

「12か月以上」というのは通算ですので、「○○社で6か月勤めて、その後退職日から1か月以内に△△社で6か月勤めた」という場合でもかまいません。たとえば被保険者期間が11か月半しかないような場合には、半月待ってから辞めた方が、失業等給付をもらう要件を満たせることになります。わずか2週間の差が、90日分の基本手当がもらえるかどうかの分かれ目となることもあり得るわけです。

注意を要するのは、退職日以前2年間の被保険者期間を基準とするため、たとえ過去に長い期間保険料を払っていたとしても、退職日以前の2年間に所定の被保険者期間を満たしていなければ、（ケガをして休職していたような場合は別として）雇用保険の給付をもらえません。

次に、勤続年数がもうすぐ10年になる人の基本手当（39ページ）について考えてみましょう。

自己都合により退職する場合、被保険者であった期間が10年未満であれば、年齢に関係なく、基本手当は90日分もらえます。これに対して勤続10年以上20年未満の場合、基本手当は120日分になります。つまり、

第1章　会社を辞めるときの法律と手続き　13

「もうすぐ勤続10年になる人」は、たった１日待つことで給付期間が90日から120日に増えることもあり得るのです。さらには、勤続年数が20年以上なると、基本手当は150日分もらえることになりますが、自己都合退職の場合は150日が基本手当の給付日数の上限になります。以上のように、退職の時期によっては給付額に何十万円もの差が出ることがありますので、自分の勤続年数なども考慮して、辞める時期を選ぶことも大切です。

　さらに、退職金の支払額も勤続年数によってだいぶ異なります。

退職後は、ハローワークで基本手当の受給手続きを行う

　基本手当をもらう手続きは、退職者の住所地（勤めていた会社の所在地ではありません）を管轄するハローワーク（公共職業安定所）に退職時に会社から受け取った離職票を提出し、求職の申込みをすることから始まります（51ページ）。

　ハローワークで初回に提出する書類には、退職の際に交付された離職票と個人番号確認書類、本人の写真、通帳またはキャッシュカード運転免許証など住所や年齢を確認できるものなどがあります。これらを提出して、基本手当を受給できる資格があるかどうかの審査を受けることになります。

　雇用保険の基本手当を受けられるかどうかは、原則として離職日以前の２年間に、通算して12か月以上の被保険者期間かあるかどうかで判断されます。ただし、退職事由が解雇や倒産といった会社都合の事情の場合や、正当な理由のある自己都合退職・期間の定めのある契約で希望に反して契約更新がされなかった場合など、特定の理由による場合は、退職日以前の１年間に被保険者期間が通算６か月以上あるかどうかで判断される特例があります。

　基本手当の金額は、退職前６か月の賃金の金額を基にして決定します。

　そのため、退職者は退職前６か月前からの給与明細を保管しておくのがよいでしょう。

3 資格確認書（健康保険被保険者証）は退職後5日以内に返却する

14日以内に国民健康保険に加入すること

被保険者の資格は辞めた翌日からなくなる

　退職するときにはさまざまな手続きが必要になります。たとえば、退職日の翌日に健康保険の被保険者資格が失われますので、退職した人は資格確認書（健康保険被保険者証）を会社に返却しなければなりません（マイナ保険証を利用している場合は資格確認書が発行されないため返却不要）。そして、資格確認書（健康保険被保険者証）を返却された会社は、この被保険者（退職した人）が資格を喪失した日から5日以内に、年金事務所あるいは健康保険組合に「被保険者資格喪失届」と「被保険者証」を提出することになります。

　退職前後は何かと忙しくて忘れがちですが、退職後5日以内に資格確認書（健康保険被保険者証）を会社に返却しなければならないということは必ず覚えておきましょう。

　被保険者証を会社に返すと手元に資格確認書（健康保険被保険者証）がなくなってしまいますので、その場合に心配なのは、その後に病気になったりケガをした場合はどうなるのか、ということではないでしょうか。

　このような場合でもそんなに心配することはありません。退職によって健康保険の被保険者としての資格がなくなった場合には、その時点で国民健康保険に加入したことになるからです。退職してから国民健康保険に加入する手続きが遅れてしまったような場合でも、自分が住んでいる市区町村の窓口に届け出れば、退職日の翌日からさかのぼって国民健康保険に入ることができます。

　手続きが遅れても対応はしてもらえますが、加入していた健康保険

第1章　会社を辞めるときの法律と手続き　15

の資格を失ったときは、原則14日以内に国民健康保険に加入する手続きをする必要があります。

まず任意継続をするかどうかを決める必要がある

　健康保険の任意継続被保険者を選択した場合には、退職して会社の健康保険の資格を喪失した後も、引き続き2年間は退職した会社の健康保険の被保険者になることができます。国民健康保険の保険料は前年度の所得が基準となります。そのため、退職直後の国民健康保険料は、健康保険の任意継続の保険料と比べると割高になることが多いようです。そこで、退職直後は任意継続被保険者となり、その後、時期を見計らって、国民健康保険に加入するという方法もあります。

　なお、倒産や解雇で離職した場合は、届け出ることにより前年度の所得をその3割とみなして計算しますので、任意継続被保険者となるより、国民健康保険に加入した方が安くなることが多くなります。

　また、退職後に配偶者が加入している健康保険の被扶養者になることもできます。被扶養者になれる人は、年収や親族の範囲によって決まっています。60歳以上の人または障害のある人は年間収入（年金、給与、失業等給付など継続性のある収入）が180万円未満、60歳未満の人は130万円未満です。なお、被扶養者の認定基準は同居、別居によっても異なります。雇用保険の基本手当を受給している場合には、収入とみなされますから、雇用保険の受給が終わるまで、国民健康保険などに自分自身で加入することになります。

■ 退職後の手続き

| 退　職 | → | 健康保険証の返却 | （5日以内） |
| | → | 国民健康保険に加入 | （14日以内） |

4 もし退職勧奨されたら上手に交渉しよう

辞めてしまう前に対策をたてること

早い段階で労働相談をすること

　契約（雇用契約）期間の定めがあるケースでは、その期間が終了すれば会社と労働者の雇用契約は自動的に終了します。一方、契約期間が定められていない場合には、退職手続きについては就業規則で決められているのが通常です。使用者が退職願の受理を拒んでも、2週間の経過によって自動的に退職の効力が生じます。

　では、上司（会社）から「会社を辞めてくれ」（退職勧奨）といわれた場合、いわれたとおり素直に会社を辞めるのが得策なのでしょうか。それとも退職を拒否して会社に残る、または退職金などの条件しだいで会社を辞める方法が有利なのでしょうか。いずれにしても、今後の自分や家族にとって重要な問題ですので、早い段階で労働組合や労働局、労政事務所（労働相談などを受け付ける都道府県の機関）などの相談先に行くことが大切です。一番いけないのは、労働契約や解雇予告について何の知識も持たずに、会社にいわれるままに辞めてしまうことです。あきらめないで、調査や相談といった行動を起こしましょう。

違法な退職勧奨による解雇は取消や無効を主張できる

　社員が会社との合意により雇用契約を解約すること、もしくは一方的に雇用契約を解除することを退職といいます。表向きは退職であっても、実際には辞めたくないのに会社から退職するよう勧められたり、強要されたりすることもあります。

　会社側の態度に威圧されて退職の意思表示をしても、不当なものであれば退職の取消や無効を主張することもできます。違法な退職勧奨

第1章　会社を辞めるときの法律と手続き　17

により精神的または財産的な被害を受けた場合には、会社に対して慰謝料などの損害賠償を請求できる場合もあります。

退職に追い込む嫌がらせは不当労働行為となることもある

　会社は、合理的な理由またはやむを得ない事情があれば、社員を解雇できます。しかし、法律上解雇が認められるためには、かなり厳しい条件をクリアしなければなりません。人員整理を急ぐ会社が、特定の社員に退職を勧奨し、拒否されると不当な配置換えなどの嫌がらせをして、その社員を精神的に追いつめ、退職に追い込むというケースもあるようです。配置転換命令が有効となるためには、労働基準法などの法律違反や労働協約違反・就業規則違反がないこと、人事権の濫用にあたらないこと、などの条件が満たされていなければなりません。

　不当な配置換えを受けた場合には、前述のような相談機関にすぐに相談するのがよいでしょう。また、労働組合がある会社で組合員であることを理由に解雇する場合、不当労働行為（公正な労使関係の秩序に違反するような使用者の行為のこと）になることもあります。

　また、精神的な苦痛を受けたとして慰謝料を請求できる場合もあります。もちろん、退職を拒否したことを理由とする解雇や配転、降格などの処分は無効です。嫌がらせにより退職に追い込まれた場合にも、その退職は撤回できます。

退職勧奨を受けた場合にはすぐに退職願を出さないこと

　会社によってはリストラの必要性に迫られ、各部署の責任者に人員削減を奨励することがあります。ひどい事態になると職場全体でいじめが行われる状況となり、自らがいじめの対象となることもあります。

　このような場合、納得しないままに退職願を出さないことが重要です。退職願を出してしまうと、後で退職の無効を争った場合に大変困難になります。

5 解雇について知っておこう

解雇予告もしくは解雇予告手当の支払が原則必要である

解雇には3種類ある

解雇とは、会社側の事情もしくは労働者の契約義務違反により、会社の一方的な意思表示により雇用契約を解除することです。解雇は、その原因により、普通解雇、整理解雇、懲戒解雇に分けられます。整理解雇とは、経営不振による合理化など経営上の理由に伴う人員整理のことで、リストラともいいます。懲戒解雇とは、社員が会社の金銭・備品を横領した場合のように、会社の秩序に違反した社員に対する懲戒処分としての解雇です。普通解雇とは、労働者が雇用契約上の義務に違反したことを理由とする解雇です。

解雇の時期・理由の制限

労働者は解雇によって仕事を失うことになるため、さまざまな法律によって解雇の時期・理由が制限されています。

解雇の時期の制限として、たとえば、社員が業務上負ったケガや病気の療養のために休業する場合や、社員が産前産後の休業を取得する場合には、休業期間中とその後30日間の解雇が禁止されています（労働基準法19条）。

解雇の理由の制限として、たとえば、合理的な理由や社会通念上の相当性のない解雇が禁止されています（解雇権濫用法理、労働契約法16条）。また、有期雇用契約を結んだ社員をやむを得ない事由なく解雇することが禁止されています（労働契約法17条）。その他の例として、国籍・信条・社会的身分・性別を理由とする解雇の禁止、結婚・妊娠・出産を理由とする解雇の禁止、育児・介護休業の申し出や取得

第1章　会社を辞めるときの法律と手続き　19

を理由とする解雇の禁止などがあります。

解雇予告・解雇予告手当の支払

　前述した解雇の時期・理由の制限に違反しないときに、会社は社員を解雇することが可能です。しかし、会社が社員を解雇するときは、労働基準法20条により、30日以上前に解雇予告をすることが必要です。

　ただし、解雇予告手当を支払った日数分だけ解雇予告の日数を短縮できるため、たとえば、30日分の平均賃金を支払えば、社員を即日解雇できます（次ページ図）。

　30日前に解雇予告をするのと、30日分の平均賃金を支払って即時解雇するのでは、支払われる賃金は同じということになります。しかし、細かい部分では違いがあります。たとえば、30日分の解雇予告手当を支払って即日解雇する場合は、その手当金に社会保険料がかかりません。解雇予告手当は賃金ではなく退職所得として計上されるためです。

　また、天災事変その他やむを得ない事由のために事業の継続が不可能になった場合や、労働者本人の重大または悪質な行動によって解雇される場合は、労働基準監督署長の除外認定を受けることで、解雇予告も解雇予告手当の支払いもなく解雇することができます。

解雇予告や解雇予告手当の支払が不要な場合もある

　次に挙げる社員は、前述した除外認定を受けなくても、解雇予告や解雇予告手当の支払をすることなく解雇ができます。

① 　試用期間中の社員（雇い入れてから15日以上になった場合を除く）
② 　日々雇い入れる社員（1か月を超えて引き続き使用されるようになった場合を除く）
③ 　雇用期間を2か月以内とした契約で雇用している社員（雇用期間を超えて引き続き使用されるようになった場合を除く）
④ 　季節的業務を行うために雇用期間を4か月以内とした契約で雇用

している社員（雇用期間を超えて引き続き使用されるようになった場合を除く）

平均賃金とは

有給休暇を取得した場合や、労災（労働災害）や使用者の事情によって休業した場合など、何らかの事情で労働しなかった期間中も賃金が支払われることがあります。その期間中の賃金額は、会社側が一方的に決めるのではなく、労働基準法の規定に基づいて１日の賃金額を算出し、その額に期間中の日数を乗じた額となります。その基準となる１日の賃金額を平均賃金といいます。

平均賃金の算出方法は、原則として「これを算定すべき事由の発生した日以前３か月間にその労働者に対し支払われた賃金の総額を、その期間の総日数で除した金額」とされています（労働基準法12条）。そして、平均賃金の基準になる「３か月（３か月間の総日数）」は、暦の上の日数を指します。また、算定の対象となる「賃金の総額」には、基本給の他、通勤手当や時間外手当などの諸手当も含まれます。しかし、臨時に支払われた賃金や３か月を超える期間ごとに支払われた賃金などは「賃金の総額」から控除されます。

■ 解雇予告日と解雇予告手当

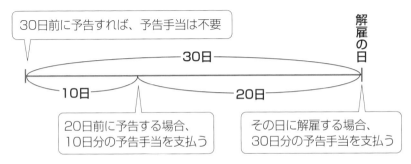

6 パートやアルバイトの解雇・雇止めについて知っておこう

パートやアルバイトにも労働基準法の適用がある

正社員とパート・アルバイトの違いは何か

　会社には正社員と異なる労働条件の労働者がいます。パート（パート社員）、アルバイト、契約社員、嘱託社員などです。労働者という点では正社員と同じなので、労働基準法などが適用されますが、適用される規定に違いが生じることもあります。また、就業規則が定める労働条件にも違いがあるのが通常です。たとえば、正社員と違って退職金の支払いがないなどです。

　パートやアルバイトは、1週間の所定労働時間（契約で定めた労働時間）が正社員の所定労働時間に比べて短い社員を指すのが一般的で、パートタイム・有期雇用労働法（短時間労働者及び有期雇用労働者の雇用管理の改善等に関する法律）における「短時間労働者」に該当します。パートやアルバイトの多くは有期雇用（契約期間を定めた雇用）ですが、正社員と同じ無期雇用（契約期間を定めない雇用）の場合も短時間労働者に該当します。なお、アルバイトには、本業のある者が副業で働くという意味があります。

　パートやアルバイトについて独自の就業規則があれば、それを適用します。独自の就業規則を設けることなく、正社員の就業規則を適用する会社もあります。パートやアルバイトの採用時は、正社員の採用時と同様に、契約期間、賃金、労働時間、休日、休暇などの労働条件を明示した書類（労働条件通知書）を交付することが会社（事業主）に義務付けられています。正社員の場合と違うところは、パートやアルバイトへ交付する書類には、昇給・退職手当・賞与の有無や相談窓口の記載も必要とされる点です。

会社からの有期雇用の契約解除は解雇と同じである

　パートやアルバイトは有期雇用として契約しているケースがほとんどです。有期雇用契約は、契約期間に縛られることが前提なので、契約期間中は、やむを得ない事由がない限り、会社・社員の双方から解除ができません（民法628条）。さらに、労働契約法17条では、会社（使用者）は、やむを得ない事由がない限り、契約期間中に有期雇用契約の労働者の解雇ができないと規定し、会社側からの有期雇用契約の解除を制限しています。この規定がある点から、正社員の解雇よりも有期契約期間中の解雇の有効性は厳しく判断されることに注意を要します。

　そして、会社側からの解除は労働基準法の「解雇」に該当しますので、労働基準法20条により、原則として、30日以上前に予告するか、予告をしない場合は30日分以上の平均賃金の支払いが必要です（20ページ）。

　なお、民法628条には、解除の事由が「当事者の一方の過失によって生じたものであるときは、相手方に対して損害賠償の責任を負う」との一文があります。したがって、会社がパートやアルバイトを解雇する場合には、残りの契約期間分の賃金と同程度の損害賠償金を負担しなければならなくなる可能性もあります。

雇止め法理と無期転換ルールに留意する

　有期雇用契約は、契約期間の満了と同時に雇用関係が終了します。このとき、契約期間の満了に伴い、会社から契約更新を拒否することを雇止めといいます。そして、雇止めは解雇に該当しませんので、原則として解雇に関する規定が適用されません。

　もっとも、契約更新をしているケースも多く、特に契約更新が繰り返されていると、雇用継続への期待が高まると考えられます。そこで、有期雇用契約が継続して更新されていて雇止めが解雇と同視できる場

第1章　会社を辞めるときの法律と手続き　23

合や、労働者が契約更新に対する期待を持つことに合理的な理由がある場合には、客観的な合理的理由や社会通念上の相当性がない雇止めが認められません（雇止め法理、労働契約法19条）。

さらに、同じ会社との間での有期雇用契約の契約期間が通算5年を超えた場合には、パートやアルバイトの側から無期雇用契約への転換の申込みができ、会社側は、この申込みを拒否できません（無期転換ルール、労働契約法18条）。

その他、厚生労働省の告示によって、3回以上契約更新されているか、雇入れの日から起算して1年を超えて継続勤務しているパートやアルバイトを雇止めするときは、30日以上前に予告することが求められています。

■ パート従業員と雇止め

```
┌─────────────────┐        ┌─────────────────┐
│  使用者による      │───────▶│ 契約期間の満了とともに │
│ 有期労働契約の更新拒否 │        │   雇用関係終了      │
└─────────────────┘        └─────────────────┘
         │
         ▼
┌─────────────────────────┐
│    繰り返しの更新あり        │
│ ・解雇と同視できる場合       │
│ ・契約更新への期待が合理的な場合 │
└─────────────────────────┘
         │
    雇止め │
         ▼
┌─────────────────┐  解雇  ┌─────────────────────────┐
│  使用者による      │───────▶│ ・雇止め・解雇として手続きなど │
│ 無期労働契約の解約   │        │   の規則を受ける           │
└─────────────────┘        │ ・雇止め法理・解雇権濫用法理の │
                           │   適用より雇止め・解雇が無効と │
                           │   される場合がある          │
                           └─────────────────────────┘
```

7 会社が倒産した場合にはどうなるのか

あわてずに労働債権の確認とその確保に向けた行動をする

倒産すると賃金はどうなるか

会社が倒産した（破産した）場合に、賃金（給料）や退職金などの労働債権をどう確保するかは重要な問題です。倒産に至る過程の中で、すでに賃金の遅配があったかもしれません。労働者として労働債権がどのように扱われるのかを知っておきましょう。

① 労働債権の優先順位と届出

会社が倒産した場合、労働債権については、配当において他の一般債権者（債権に抵当権・質権などが付いていない債権者）に優先する債権として扱われます。このため、会社の倒産時、労働者は他の一般債権（抵当権・質権などが付いていない債権）よりも優先して未払賃金などの弁済を受けることができます。なお、退職金に関しては、就業規則や退職金規程などに規定のある退職金のみが労働債権として扱われることに注意を要します。

さらに、労働債権のうち、破産手続開始前3か月間に生じた未払賃金と、退職前3か月間の賃金総額に相当する未払退職金は、納期限が破産手続開始前1年を経過していない租税債権（主として国税・地方税）と同順位である財団債権となり、優先して弁済を受けることが可能になります。

その一方で、労働債権は、抵当権・質権などが付いている債権よりも劣後します。したがって、労働債権を確保するときは、後述する未払賃金立替払制度の利用も検討します。

会社の倒産後、債権者に対しては、裁判所が債権届出書を送付します。労働債権がある者にも送付されますので、必ず記載された届出期

第1章 会社を辞めるときの法律と手続き　25

間内に裁判所に送付してください。届出期間後に提出された債権届出書は、原則として受理されないからです。

② 取締役などの法的責任を追及する

　会社の取締役（代表取締役を含む）などの役員個人は、法的には会社とは別の存在です。そこで、倒産について役員個人の法的責任を追及することで、労働債権を回収できる可能性があります。たとえば、会社法429条に基づき、放漫経営をした結果として倒産させるなど、職務執行に悪意・重過失がある取締役に対して、損害賠償責任を追及することも考えられます。

未払賃金立替払制度

　未払賃金については「賃金の支払の確保等に関する法律」（賃確法）による未払賃金立替払制度を利用できる場合があります。会社が倒産した場合における未払賃金の総額のうち8割を労働者健康安全機構が立替払いしてくれる制度です。ただし、退職日の6か月前の日から賃金立替払請求日の前日までの間に支払期日が到来している賃金や退職金のうち、未払いのものが対象です（賞与は対象外です）。

　なお、破産などの決定がなくても、会社の事業が停止して再開見込みがない場合で、所轄の労働基準監督署長が認めたときも、同様に立替払いを受けることができます。

■ 立替払いの額 ……………………………………………………

未払賃金の総額の100分の80の額です。ただし、総額には上限が設けられています。上限額は下表のとおりで、退職の時期および年齢により異なります。

退職労働者の退職日における年齢	未払賃金の上限額	立替払いの上限額
45歳以上	370万円	296万円
30歳以上45歳未満	220万円	176万円
30歳未満	110万円	88万円

第2章

失業等給付の法律と手続き

1 雇用保険給付の全体像を知っておこう

雇用保険はハローワークで手続きをする

雇用保険とは

　雇用保険とは、労働者が失業している期間について、生活費の保障を行うための公的保険制度です。

　雇用保険にはさまざまな給付があります。雇用保険の給付のうち、失業等給付は、大きく求職者給付、就職促進給付、雇用継続給付、教育訓練給付の４つに分けることができます。なお、雇用継続給付の育児休業給付金は、給付総額が大きくなってきたため、失業等給付から外れ、新しい給付として位置付けられています。

① 求職者給付

　求職者給付は、被保険者が離職して失業状態にある場合に、失業者の生活の安定と求職活動を容易にすることを目的として支給される給付です。失業者が離職票などを持って公共職業安定所（ハローワーク）に行き、必要な手続きをすることで支給されます。雇用保険の中心的な給付になります。

② 就職促進給付

　失業者が再就職するのを援助、促進することを主な目的とする給付です。求職者給付は失業中に支給されるので、求職者にとっては就職に対する意欲が低くなりがちです。そこで、就職促進給付では、早い段階で再就職を行った人に対してボーナス的な給付を行います。また、就職に際しての引越し代などの給付もあります。

③ 雇用継続給付

　働く人の職業生活の円滑な継続を援助、促進することを目的とする給付です。高年齢者、介護休業中の所得補てんを行う給付があります。

④ 教育訓練給付

働く人の主体的な能力開発の取組みを支援し、雇用の安定と能力開発・向上を目的とする給付です。

求職活動を容易にするための給付

求職者給付の中心となるのは一般被保険者に対する基本手当ですが、被保険者の種類（31ページ）に応じて、高年齢求職者給付金や特例一時金などさまざまな内容の給付が行われます。

なお、求職者給付は職を失った人が次の職を見つけるまでの間、その人が生活をするために支給される給付です。そこで、仕事を探すつもりのない人や、疾病や出産などで仕事を探せる状態にない人については、求職者給付が支給されないことになっています。

■ 雇用保険の給付の概要

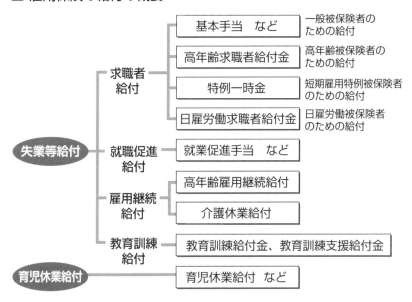

早く就職を決めると受けられる給付

　失業した場合に雇用保険から給付を受けることができる所定給付日数は人によって差があります。そのため、熱心に求職活動を行った結果、所定給付日数がまだ残っているうちに次の働き口が見つかる人もいるでしょう。逆に、自分の所定給付日数がなくなるまで支給を受けてから、本腰を入れて職探しをはじめる人もいます。これでは、熱心に求職活動を行った人とそうでない人との間で不公平が生じることになってしまいます。そこで、所定給付日数を多く残して再就職が決まった人には、一定の手当（再就職手当や就業促進定着手当）を支給することになっています。さらに、就職が困難な人が再就職した場合などにも一定の給付（常用就職支度手当）があります。就職促進給付には以上の他、移転費と広域求職活動費があります（80 ～ 82ページ）。なお、就業手当は令和7年3月31日に廃止されます。

失業を予防するための給付

　高年齢になると労働能力も低下し、それに伴って給料も下がる場合があります。また、子供が産まれたため仕事を休んで育児に専念する人もいます。しかしその結果、給料がもらえなくなってしまう場合もあります。このような場合に、失業せずに同じ職場で働き続けられるよう、雇用保険で一定の給付を行っています。したがって、これらは、失業を予防するための給付ということができます。

自分を磨く人に支給される給付

　仕事をする上で一定の資格が必要な場合もあります。また、何らかの資格や特技があれば、給料や待遇などの面で有利になることもあります。そのため、資格をとるためや、知識・技能などを身につけるために勉強した場合の支出について、一定の援助をする制度が教育訓練給付です。

2 どんな人が雇用保険の給付を受けることができるのか

被保険者にもさまざまな種類がある

雇用保険の被保険者には4種類ある

　雇用保険の給付の支給対象（受給資格者）となるのは、雇用保険の制度に加入している事業所（適用事業所）で、一定期間（被保険者期間）、雇用保険の被保険者（雇用保険に加入している人のこと）として働いていた人だけです。被保険者には、次の4種類があります。

① 一般被保険者

　次の②～④までの被保険者以外の被保険者で、ほとんどの被保険者がこれに該当します。一般被保険者とは、1週間の所定労働時間が20時間以上で、31日以上雇用される見込みのある者のことです。フリーターやパートタイム労働者も、この要件を満たせば雇用保険の被保険者になります。なお、令和10年10月1日からは、1週間の所定労働時間が20時間以上から10時間以上に変更になり、被保険者の対象が拡大します。

② 高年齢被保険者

　65歳以上の被保険者が該当します（③と④に該当する者は除く）。

③ 短期雇用特例被保険者

　冬季限定の清酒の醸造や夏季の海水浴場での業務など、その季節でなければ行えない業務のことを季節的業務といいます。季節的業務に雇用される者のうち、雇用期間が4か月以内の者および週の労働時間が30時間未満の者を除いた者が短期雇用特例被保険者として扱われます（④に該当する者は除きます）。なお、短期雇用特例被保険者が同一の事業主に1年以上引き続いて雇用された場合は、1年経った時点から、短期雇用特例被保険者から一般被保険者に切り替わります。

④ 日雇労働被保険者

第2章　失業等給付の法律と手続き　31

雇用保険の被保険者である日雇労働者です。日雇労働者とは、日々雇い入れられる者や30日以内の短い期間を定めて雇用される者です。

なお、前述した4種類以外に65歳以上の複数就業者の雇用保険加入が特例的に認められる制度があります。具体的には、2つの事業所においてそれぞれ5時間以上20時間未満で働き、雇用保険の被保険者ではない者が2つの事業所を通算して週20時間以上となる場合には申し出により雇用保険に加入することができます。

求職者給付をもらうための要件

雇用保険の中心は求職者に給付される求職者給付ですが、求職者給付の支給を受けるためには、被保険者の種類ごとに以下のような被保険者期間の要件を満たしていなければなりません。

① 一般被保険者の求職者給付（基本手当）

基本手当をもらうには、ⓐ離職によって、雇用保険の被保険者資格の喪失が確認されていること、ⓑ現に失業していること、ⓒ離職日以前の2年間に通算して12か月以上の被保険者期間があること、の3つが要件になります。ただし、ⓒの要件については、離職の原因が倒産・解雇・セクハラなどによる場合には、離職日以前の1年間に通算して6か月以上の被保険者期間があるかどうかで判断します。各月の賃金支払基礎日数（基本給の支払対象となっている日数のことで、有給休暇や休業手当の対象となった日数も加えられる）が11日以上の月を被保険者期間1か月とします。各月ごとに区切った結果、端数が生じた場合、その期間が15日以上であり、賃金支払基礎日数が11日以上であれば、2分の1か月としてカウントします。

また、賃金支払基礎日数が11日に満たない場合でも、「賃金支払の基礎となった時間が80時間以上ある月」については被保険者期間を1か月として数えます。賃金支払基礎日数11日以上や80時間以上の基準は、後述する②、③の被保険者期間の算定時も同様に準用されます。

なお、令和10年10月からは、賃金支払基礎日数が11日以上から6日以上に、被保険者期間を1か月としてカウントする「賃金支払の基礎となった時間が80時間以上ある月」については、80時間から40時間に引き下げられます。

② 　高年齢被保険者の求職者給付（高年齢求職者給付金）

　離職日以前1年間に被保険者期間が6か月以上あることが必要です。

③ 　短期雇用特例被保険者の求職者給付（特例一時金）

　離職の日以前1年間に被保険者期間が6か月以上あることが支給要件となります。

▌安易な離職は要注意

　退職勧告を受けたのではなく、会社の早期退職優遇制度に応募する場合、特定受給資格者（44ページ）とは扱われないので、基本手当を受給するためには12か月以上の被保険者期間が必要です。もっとも、1つの会社に1年もいないような場合、以前に勤めていた会社での被保険者期間を通算することも可能ですが、かつて勤めていた会社の離職時に基本手当の受給資格を満たしている場合には、通算することはできません。たとえば、X社に数年勤務し、受給資格を取得後、Y社に転職し、6か月経過後に社内に恒常的に設置されている早期退職制度に応募した場合、X社に勤務していた時代の被保険者期間を通算することはできないので、Y社の被保険者期間だけでは12か月という要件を満たさないということになります。

■ パートタイマーの取扱い ……………………………………

1週間の所定労働時間	将来の雇用の見込み	
	31日未満	31日以上
20時間（★10時間）以上	×	一般被保険者
20時間（★10時間）未満	×	×

※×印のところに該当する者は被保険者とならない　★令和10年10月1日以降

第2章　失業等給付の法律と手続き　33

3 求職者給付でもらえる額を確認しておこう

基本手当の日額は賃金日額に基づいている

年齢や離職前6か月間の賃金で給付額が決まる

求職者給付は、人によって「もらえる額」が違います。

賃金日額に基づいて失業期間中の1日あたりの基本手当日額が計算されますが、支給金額は離職前の賃金（賞与を除く）の平均額のおよそ50％～80％となります。では、ここでいう賃金日額とは、どのようなものなのでしょうか。これは原則として離職前6か月の間に支払われた賃金の1日あたりの金額です。時給や日給で賃金をもらっていた場合には、別に最低保障の計算を行います。賃金日額は、退職前6か月間の給与の総額÷180日で計算されます。給付率を決定する賃金日額の範囲は、毎月勤労統計における国民の平均給与額を基に毎年8月1日に変更されます。なお、離職時の年齢によって、賃金日額の上限額が設定されますが、下限額については、すべての年齢で一律に同じ額が設定されています。

次に、基本手当日額ですが、これは賃金日額の45％～80％の間の範囲内で、年齢と賃金日額により決定されます。

年齢と賃金日額によって異なるということは、世帯として生活費が多く必要であると見込まれる年齢層には多く給付するということです。所得の低かった人には給付率が高くなっており、反対に所得の高かった人の給付率は低くなっています。

たとえば、離職時の年齢が30歳以上45歳未満で賃金日額が2,869～5,200円の場合、給付率は8割と設定されているので、2,295円～4,160円が基本手当日額となります（令和6年8月1日改定）。

なお、高年齢被保険者や短期雇用特例被保険者の求職者給付の基本

手当日額を計算する際も同様の計算方法で算出することになっています。

賃金日額によって基本手当の日額が決まる

　基本手当の日額は「賃金日額」に基づいています。賞与や臨時に支払われた賃金、退職金は毎月決まって支払われた賃金ではないので、この計算には含まれません。

　具体的な基本手当の日額は、60歳以上65歳未満の人を除き、次の計算式に従って求められます。

　　賃金日額×賃金日額と年齢に応じた給付率（50％～80％）

　上記計算式によって基本手当の日額が出ます。これに所定給付日数を掛けると、失業中に受けられる給付の総額がわかります。

　一般の離職者に対する給付率は50％～80％の範囲で設定されていますが、60歳以上65歳未満の人への給付率は45％～80％と下限が低く設定されています。賃金日額の低い人ほど給付率を高くするなど、賃金格差の影響を抑えるように工夫されています。

■ 基本手当日額の計算式

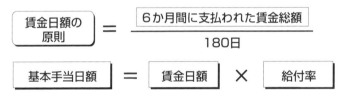

※給付率は、60歳以上65歳未満で、賃金日額によって45～80％
　それ以外で、賃金日額によって50～80％
※賃金日額は、日給や時給の場合の最低保障の例外がある
　年齢に応じた上限額、下限額もある

高年齢被保険者への給付はどうなっているのか

　高年齢被保険者とは、65歳以上の被保険者のことです。高年齢被保険者に支給される給付を高年齢求職者給付金といいます。高年齢被保険者が失業した場合、受給できる金額は、65歳前の基本手当に比べてかなり少なくなり、基本手当に代えて、基本手当の50日分（被保険者として雇用された期間が１年未満のときは30日分）の給付金が一括で支給されます。

　また、高年齢被保険者の失業の認定（失業していることを確認する手続きのこと）は、１回だけ行われます（一般の被保険者は失業期間の28日ごとに１回行うことになっています）。認定日の翌日に再就職したとしても、支給された高年齢求職者給付金を返還する必要はありません。

短期雇用特例被保険者への給付はどうなっているのか

　短期雇用特例被保険者とは、季節的業務（夏季の海水浴場での業務など）に雇用される者のうち、雇用期間が４か月以内の者および週の労働時間が30時間未満の者を除いた者のことです。短期雇用特例被保険者に支給される求職者給付を特例一時金といいます。その名のとおり一時金（一括）で支給されます。

　特例一時金の支給を受けようとする者は、離職の日の翌日から数えて６か月を経過する日までに、失業の認定を受けなければなりません。

　特例一時金を受けるための手続きは、一般の被保険者が基本手当を受けるための手続きと同じです。つまり、離職票を持って公共職業安定所に行き、求職の申込みをすることになります。特例一時金の支給額は、当分の間、基本手当の日額の40日分に相当する額になります。

　ただ、失業の認定日から受給期限（離職日の翌日から６か月）までの日数が40日未満の場合は、受給期限までの日数分だけが支給されることになります。

4 求職者給付の受給日数は人によって違う

受給期間は原則として1年間

所定給付日数はケース・バイ・ケース

失業者に支給される求職者給付（基本手当）の給付日数は離職理由、被保険者であった期間、労働者の年齢によって決定されます。39ページの図の一般受給資格者とは、定年退職や自己の意思で退職した者のことです。

また、特定受給資格者（44ページ）とは、事業の倒産、縮小、廃止などによって離職した者、解雇など（自己の責めに帰すべき重大な理由によるものを除く）により離職した者のことです。特定理由離職者（46ページ）とは、①労働契約の更新を希望したにもかかわらず、期間の定めのある労働契約の期間が満了し更新されなかった者、②体力の衰えなど正当な理由のある自己都合退職者が該当します。前者の①にあてはまる者は、特定受給資格者と同様の給付日数を受け取ることができます。

なお、就職困難者とは、身体障害者、知的障害者、精神障害者、更生保護法の規定により保護観察に付された者等、社会的事情により就職が著しく阻害されている者（精神障害回復者など）が該当します。

具体的には、失業理由が自己都合か会社都合かによって、本人が受ける基本手当の所定給付日数が変わってきます。自己都合で辞めた人より倒産・解雇などが原因で離職した人の方が保護の必要性が高いので、給付日数も多めに設定されています。一般受給資格者は離職時等の年齢に関係なく、被保険者であった期間に応じて、90日から150日の給付日数となります。

一方、特定受給資格者と認定された場合、退職時の年齢と被保険者

第2章　失業等給付の法律と手続き　37

期間に応じて、90日〜330日の給付が受けられます。たとえば被保険者であった期間が20年以上の38歳の人を例にとると、自己都合で辞めた場合の基本手当の給付日数は150日、倒産・解雇などによる退職者の場合は270日となります。

受給期間（受給期限）を過ぎると給付が受けられなくなる

　求職者給付には受給期間（または受給期限）があります。この期間を過ぎてしまうと、たとえ所定給付日数が残っていても、求職者給付の支給を受けられなくなります。

① 受給期間

　一般被保険者が受ける給付を基本手当といいます。基本手当は離職の日の翌日から１年間に限り受給することができます。この期間を受給期間といいます。ただし、所定給付日数が330日の者は離職の日の翌日から１年と30日、360日の者は離職の日の翌日から１年と60日がそれぞれ受給期間となります。

② 受給期間が延長されるケース

　受給期間の間に一定の理由（42ページ）により、引き続き30日以上働くことができなかったときは、その働くことができなかった日数だけ受給期間を延長することができます。延長できる期間は最大で３年間です。つまり、原則の１年間と延長できる期間をあわせると最長４年間が受給期間になるということです。

　もし、病気や負傷により働くことができない期間が15日以上となる場合には傷病手当を受けることができます。基本手当をもらう代わりに傷病手当をもらうことになるため、基本手当は支給されません。なお、働くことができない期間が15日未満の場合は、傷病証明書によりその期間は失業していたと認定され、基本手当が支給されます。

③ 高年齢求職者給付金と特例一時金の受給期限

　高年齢被保険者であった者に支給される求職者給付を高年齢求職者

38

給付金（36ページ）といいます。高年齢求職者給付金は一時金で支給されますが、支給を受けることができる期限（受給期限）があります。受給期限は離職日の翌日から1年間です。また、短期雇用特例被保険者であった者に支給される求職者給付を特例一時金といいます。特例一時金も一時金（一括）で支給されます。特例一時金（36ページ）の受給期限は離職日の翌日から6か月間です。

なお、高年齢求職者給付金と特例一時金については、一般の被保険者に支給される基本手当のように受給期間延長の制度はありません。

■ 基本手当の所定給付日数

● 一般受給資格者の給付日数

離職時等の年齢 ＼ 被保険者であった期間	1年未満	1年以上5年未満	5年以上10年未満	10年以上20年未満	20年以上
全 年 齢 共 通	－	90日		120日	150日

● 特定受給資格者および特定理由離職者の給付日数

離職時等の年齢 ＼ 被保険者であった期間	1年未満	1年以上5年未満	5年以上10年未満	10年以上20年未満	20年以上
30歳未満	90日	90日	120日	180日	－
30歳以上35歳未満	90日	120日	180日	210日	240日
35歳以上45歳未満	90日	150日	180日	240日	270日
45歳以上60歳未満	90日	180日	240日	270日	330日
60歳以上65歳未満	90日	150日	180日	210日	240日

● 就職困難者の給付日数

離職時等の年齢 ＼ 被保険者であった期間	1年未満	1年以上
45歳未満	150日	300日
45歳以上65歳未満	150日	360日

第2章　失業等給付の法律と手続き　39

5 受給日数が延長されることもある

就職できないときは給付日数が延長されることがある

どんな場合に基本手当の給付日数が延長されるのか

　基本手当の支給は、離職時の年齢、離職事由、被保険者期間、就職困難者か否かにより給付日数の上限が設けられています。しかし、社会情勢、地域性あるいは求職者本人の問題により、なかなか就職することができず、所定の給付日数だけでは保護が足りないこともあります。このような場合、所定給付日数を延長して、基本手当が支給されます。これを延長給付といいます。

　延長給付には、①訓練延長給付、②広域延長給付、③全国延長給付、④個別延長給付、⑤地域延長給付があります。

訓練延長給付とは

　職業訓練を受け、職業能力を向上させることが就職につながると判断されたときに、受給資格者が公共職業安定所長の指示により、公共職業訓練等を受講する場合に、①90日を限度として、公共職業訓練を受けるために待期している期間、②2年を限度として、公共職業訓練等を受けている期間、③30日を限度として、公共職業訓練等の受講終了後の期間に関して、失業している日については所定給付日数を超えて基本手当が支給されます。

　ただし、③については公共職業訓練が終わっても就職の見込みがなく、かつ、特に職業指導その他再就職の援助を行う必要があると認められた人についてのみ訓練延長給付が行われます。また、その延長された分だけ受給期間も延長されます。

40

広域延長給付とは

　失業者が多数発生した地域において、広い範囲で職業の紹介を受けることが必要と認められる受給資格者については、広域延長給付として90日分を限度に所定給付日数を超えて基本手当が支給されます。受給期間も90日間延長されることになります。

全国延長給付

　全国的に失業の状況が悪化した場合に、一定期間すべての受給資格者に対し90日を限度に所定給付日数を超えて基本手当が支給されます。これが全国延長給付です。受給期間も90日間延長されることになります。

個別延長給付、地域延長給付とは

　個別延長給付と地域延長給付とは、倒産や解雇などの理由により離職した者（特定受給資格者）、期間の定めのある労働契約が希望に反して更新されなかったことにより離職した者（一定の特定理由離職者）で再就職のための職業指導を行うことが適切と認められた者に支給される延長給付のことです。

　個別延長給付と地域延長給付を受けるためには、これらに加えてそれぞれ要件があります。個別延長給付を受ける要件には、一定の心身の状況に該当する場合や、激甚災害の被害を受けたため離職した場合などに該当する必要があります。これらの要件に応じて、給付日数は最長で120日（所定給付日数が270日、330日の場合は90日）延長されます。

　また、地域延長給付は、厚生労働大臣が指定した雇用機会が不足する地域に居住する者が対象です。60日（所定給付日数が270日、330日の場合は30日）を限度に給付日数が延長されます。地域延長給付は、令和9年3月31日までの暫定措置です。

第2章　失業等給付の法律と手続き　**41**

6 受給期間を延長できる場合とは

妊娠・出産、育児、ケガ・病気、看護などの場合である

▐ 受給期間は延長できる

　雇用保険の失業等給付は、働く意思と働ける状況にある者に支給されるものです。そのため、出産や病気などによって働けない者には支給されません。そこで、出産や病気など一定の理由で働けない場合、失業等給付の支給を先送りすることができます。これを受給期間の延長といいます。受給期間を延長できる事由に該当したにもかかわらず、必要な手続きをしなかった場合（支給を先送りしなかった場合）、失業等給付がもらえなくなることもありますので、注意が必要です。

　受給期間を延長できる理由は、以下のとおりです。

① 妊娠および出産
② 病気や負傷
③ 育児（3歳未満の乳幼児）
④ 親族の看護（6親等以内の血族、配偶者、3親等以内の姻族の看護に限る）
⑤ 事業主の命令による配偶者の海外勤務に同行
⑥ 青年海外協力隊など公的機関が行う海外技術指導による海外派遣（派遣前の訓練・研修を含む）

　これらの理由によって、すぐに職業に就くことができない場合は、働くことができない期間が30日を経過した日の翌日から延長後の受給期間の最終日までにハローワークに受給期間延長申請書（次ページ）と受給資格者証に受給期間延長の理由を証明するものを添えて提出します。

　また、60歳以上の労働者が定年などの理由で離職したときで、その労働者が一定の期間求職活動を行わないことを希望する場合は、希望

42

する期間（最長1年間）、受給期間を延長することができます。この場合もハローワークに申請する必要があります。申請期間は離職日の翌日から2か月以内です。

書式　受給期間延長申請書サンプル

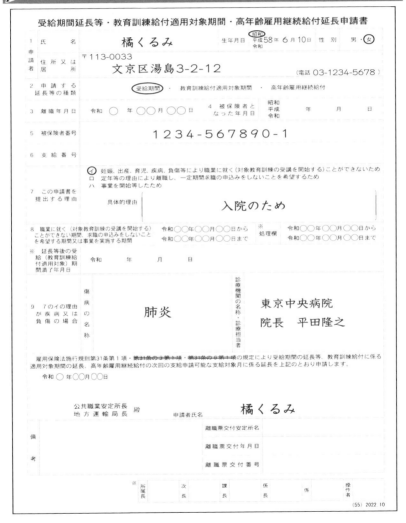

7 どんな場合に特定受給資格者となるのか知っておこう

倒産などで離職した人が対象となる

特定受給資格者は所定給付日数が長い

特定受給資格者とは、たとえば勤務先の倒産や解雇などによって、再就職先を探す時間も与えられないまま離職を余儀なくされた者のことです。特定受給資格者に該当する一般被保険者であった人は、他の求職者よりも基本手当の所定給付日数が長く設けられています。特定受給資格者の範囲は、具体的には、次ページの図のように定められており、ハローワークではこの基準に基づいて受給資格を決定しています。

また、①更新の希望があったにもかかわらず会社の意思により労働契約が更新されなかった有期契約労働者や、②一定のやむを得ない事情による自己都合退職者で、離職日以前の1年間に通算して6か月以上の被保険者期間がある者については、特定受給資格者に該当しない場合であっても、特定理由離職者として扱われます。特定理由離職者のうち①に該当する場合には、特定受給資格者と同様の基本手当の給付を受けることができます。ただし、特定理由離職者が、特定受給資格者と同様の基本手当の給付を受けることができるのは離職日が令和9年3月31日までの人です。特定理由離職者の判断基準は46ページの図のとおりです。

特定受給資格者や特定理由離職者にあたるかどうかについてはハローワークまたは地方運輸局が判断します。

たとえば、会社都合で、入社した時に取り決めをした賃金が支払われなかったために退職したような場合です。この場合、就職後1年以内に退職した場合は特定受給資格者と認められます。1年を経過した時点では、採用時のことを理由に退職したとは認められないとされていますが、この場合、特定理由離職者に該当します。

■ 特定受給資格者の範囲 ……………………………………………………

「解雇」等による離職の場合	①解雇により離職（自己の責めに帰すべき重大な理由によるものを除く） ②労働条件が事実と著しく相違したことにより離職 ③2か月以上賃金の額の3分の1を超える額が支払期日までに支払われなかったこと ④賃金が、85％未満に低下したため離職 ⑤法に定める基準を超える時間外労働が行われたため、または事業主が行政機関から指摘されたにもかかわらず、危険若しくは健康障害を防止するために必要な措置を講じなかったため離職 ⑥法令に違反し妊娠中、出産後の労働者、家族の介護を行う労働者などを就業させた場合、育児休業制度などの利用を不当に制限した場合、妊娠・出産したこと、それらの制度を利用したことを理由として不利益な取扱いをした場合により離職 ⑦職種転換等に際して、労働者の職業生活の継続のために必要な配慮を行っていないため離職 ⑧期間の定めのある労働契約の更新により3年以上引き続き雇用されるに至った場合に更新されないこととなったことにより離職 ⑨期間の定めのある労働契約の締結に際し更新されることが明示された場合において契約が更新されないこととなったことにより離職 ⑩上司、同僚からの故意の排斥または著しい冷遇若しくは嫌がらせを受けたことによって離職 ⑪事業主から退職するよう勧奨を受けたことにより離職 ⑫使用者の責めに帰すべき事由により行われた休業が引き続き3か月以上となったことにより離職 ⑬事業所の業務が法令に違反したため離職
「倒産」等による離職の場合	①倒産に伴い離職 ②1か月に30人以上の離職の届出がされた離職および被保険者の3分の1を超える者が離職した離職 ③事業所の廃止に伴い離職 ④事業所の移転により、通勤することが困難となったため離職

第2章　失業等給付の法律と手続き　**45**

■ 特定理由離職者の判断基準 ……………………………………

期間の定めのある労働契約の期間が満了し、かつ当該労働契約の更新がないことによる離職の場合	・特定受給資格者の「解雇」等による離職の⑧、⑨に該当する場合（前ページ）は除く。 ・その者が当該更新を希望したにもかかわらず、当該更新についての合意が成立するには至らなかった場合に限られる。 ⇒たとえば、期間の定めのある労働契約について、「契約を更新する（しない）場合がある」と定められており、かつ、労働者本人が契約の更新または延長を申し出たにもかかわらず離職した場合などが該当する。
正当な理由のある自己都合による離職の場合	①体力の不足、心身の障害、疾病、負傷、視力・聴力・触覚の減退などによる離職 ②妊娠、出産、育児などにより離職し、受給期間延長措置を受けた者 ③親の死亡、疾病、負傷などのため、親を扶養するために離職を余儀なくされた場合、または、常時看護を必要とする親族の疾病、負傷などのために離職を余儀なくされた場合のように、家庭の事情が急変したことによる離職 ④配偶者または扶養すべき親族と別居生活を続けることが困難となったことによる離職 ⑤次の理由により通勤不可能または困難となったことによる離職 　ⅰ）結婚に伴う住所の変更 　ⅱ）育児に伴う保育所などの利用または親族などへの保育の依頼 　ⅲ）事業所の通勤困難な場所への移転 　ⅳ）自己の意思に反して住所または居所の移転を余儀なくされたこと 　ⅴ）鉄道などの運輸機関の廃止または運行時間の変更など 　ⅵ）事業主の命による転勤または出向に伴う別居の回避 　ⅶ）配偶者の事業主の命による転勤もしくは出向または配偶者の再就職に伴う別居の回避 ⑥特定受給資格者の「解雇」等による離職の⑪（前ページ）に該当しない企業の人員整理などで希望退職者の募集に応じた離職など

8 自己都合か会社都合かの判断基準はどうなっているのか

倒産やリストラ以外にも会社都合退職になる場合がある

解雇以外で会社都合になる場合とは

　基本手当（一般に失業手当と呼ばれています）の手続きでは、退職理由が自己都合か会社都合かどうかが大きなポイントになります。会社都合の退職は、特定受給資格者（44ページ）として扱われるため、所定給付日数が自己都合退職の場合と比べて最長で180日多くなります。また、自己都合の退職は、正当な理由によるものでなければ、給付制限が課されます。会社都合の退職として代表的なのは、倒産や自分には何の落ち度もない解雇ですが、この2つ以外にも会社都合の退職として扱われる場合がいくつかあります。その例としては、①長時間労働に耐えられず辞めた場合、②会社の理不尽な退職強要で辞めた場合、③契約期間満了で辞めた場合、④契約書に書かれている労働条件と実際の労働条件があまりにも違う場合、⑤会社の業務に法令違反があった場合などが挙げられます。

長時間労働に耐えられずに辞めた場合

　長時間の残業を強いられたため耐えきれなくなり退職した場合には、会社都合の退職になる場合があります。具体的には、労働基準法で定められた基準を超える時間外労働を、退職直前の6か月のうち3か月以上連続して行っていた場合です。時間外労働とは、法定労働時間（原則週40時間）を超える労働のことをいいます。労働基準法は、この時間外労働の上限時間の目安（基準）を定めています。それは1か月で45時間です。したがって、退職直前の6か月のうちに3か月連続して、月45時間以上の残業を強いられていたため退職したのであれば、会社

第2章　失業等給付の法律と手続き　**47**

都合退職と扱われます。

　また、1月で100時間、2〜6月平均で月80時間を超える時間外労働が行われた場合も同様にこれに該当します。

会社の執拗な退職強要などで辞めた場合

　会社による不当な退職強要があり、やむなく退職した場合は、会社都合退職になります。具体的には、直接的、間接的な退職の勧奨、人事異動の名を借りた退職の強要、いじめによる退職の強要などがあった場合です。たとえば、長い間経理の仕事一本で勤めていた人をまったく経験のない営業部門に異動させる場合、介護が必要な家族がいる人を単身赴任が必要な地域に異動させる場合などです。いじめによる退職の強要は、薄暗い個室に閉じ込められ、業務に関係のない作文を毎日書かされるケースや、上司、同僚から連日「バカ扱い」されるケースがこれにあたります。

契約期間満了で辞めた場合

　契約期間を定めて働く人が、通算3年未満で契約期間満了により退職する場合には、どちらが契約更新を拒否したかにかかわらず、給付制限がつきません。さらに契約期間満了で退職した人が、一定の要件を満たした場合には、特定受給資格者（会社都合）として扱われ、所定給付日数が優遇されます。その要件は、①過去に契約を更新していること、②現在の職場に3年以上勤務していること、③労働契約の更新を希望していたことの3つです。ただし、定年後再雇用者のように契約更新の上限がたとえば65歳と決められていたような場合で、その期限が到来したことにより離職した場合にはこの基準には該当しません。

　また、期間を定めた労働契約を結ぶ際に、契約を更新することが明示（口約束も可）されていたにもかかわらず、契約が更新されなかった場合には、特定受給資格者（会社都合退職）と扱われます。

<table>
<tr><td>**9**</td><td>## 基本手当の給付制限が行われない場合もある</td></tr>
</table>

訓練の受講開始日から給付制限は解除される

正当な理由があれば給付制限は解除される

　自己都合で会社を退職する場合、通常、自分から会社を辞める人は何らかの備えをしていることが前提とされることから、失業してもハローワークで手続きをしてから原則1か月（離職日から遡って5年以内に自己都合退職が3回以上ある場合は3か月。令和7年4月より）経過しないと失業手当を受け取れません。これを給付制限といいます。この間、蓄えのない人は、財政的にも精神的にも大変でしょう。ハローワークが「特別な事情があって退職を余儀なくされた」と認定してくれれば、会社都合退職として扱われ、給付制限を免れますが、そのようなケースは少ないようです。しかし、会社都合退職でなくても、給付制限を受けずに手当を受給できるケースがあります。一つは退職について、「正当な理由」がある場合です。「正当な理由」は大きく分けて6つあり、1つでもあてはまれば、給付制限が解除されます。「正当な理由」と認められるケースは、たとえば、病気を理由に退職する場合、家族の介護を理由に退職する場合、単身赴任によって家族との共同生活が困難になったことを理由に退職する場合などです（次ページの図）。

　前述した給付制限は、「公共職業訓練を受ける期間」については、課されないことになっています。つまり、制限期間中に職業訓練を開始すれば、受講開始日から給付制限が外れるということです。

　このしくみを利用すれば、給付制限期間を短くすることが可能です。そのためには、退職前から段取りよく行動する必要があります。受給手続き開始後から、訓練の受講を考え始めるのでは、受講開始までに

第2章　失業等給付の法律と手続き　49

かなり時間がかかってしまうからです。それでは、2か月の給付制限が終わるのを待つのと変わらなくなるおそれがあります。その意味では、退職前から、さまざまな情報収集を行い、志望コースを絞り込んでおく必要があるでしょう。

また、競争率の高いコースは選考を通過できない可能性も高いので、選考に通りやすいコースを選ぶことも大切です。

さらに職業訓練への応募は、訓練開始時までに退職が確定していれば、退職前でも可能です。ですので、会社に退職願を出して、すぐに訓練に応募するというテクニックもあります。

なお、令和7年4月からは、離職期間中や離職日の前1年以内に、雇用の安定および就職の促進のための教育訓練を自ら行った場合にも、給付制限が解除されます。

■ 正当な理由 ……………………………………………………

正当な理由	体力の不足、心身の障害、疾病、負傷、視力の減退、聴力の減退、触覚の減退等により離職した者
	妊娠、出産、育児等により離職し、雇用保険法が定める受給期間延長措置を受けた者
	父・母の死亡、疾病、負傷等のため、父・母を扶養するために離職を余儀なくされた場合のように、家庭の事情が急変したことにより離職した場合
	配偶者または扶養すべき親族と別居生活を続けることが困難となったことにより離職した場合
	結婚に伴う住所の変更、育児に伴う保育所の利用といった理由などで通勤不可能または困難となったことにより離職した場合
	企業の人員整理等で希望退職者の募集に応じて離職した場合

10 雇用保険の手続きはハローワークで行う

離職票を持ってハローワークへ行く

被保険者証はなくさずに

退職時に会社から渡される「雇用保険被保険者証」（60ページ）は、雇用保険に加入していたことを証明するものです。これは、入社時に会社がハローワークで被保険者としての資格の取得手続きを行った際に発行されます。勤め先が変わっても、一度振り出された被保険者番号は変わりません。再就職先にこの被保険者証を提出し、新たな被保険者証を作成して、記録を引き継ぐことになります。失業等給付を受けるのに必要ですので、大切に保管しましょう。

まずハローワークに離職票を提出しよう

失業等給付をもらう手続きは、自分の住所地を管轄するハローワークに出向いて退職時に会社から受け取った離職票を提出し、求職の申込みをすることから始まります。

その際に、離職票（54ページ）と個人番号確認書類、本人の写真、通帳またはキャッシュカード、運転免許証など住所や年齢を確認できるものを提出して、失業等給付を受給できる資格があるかどうかの審査を受けます（57ページ）。

ハローワークに求職の申込みを行い、失業の状態と認められ受給資格が決定した場合でも、決定日から7日間はどんな人も失業等給付を受けることができません。この7日間を待期期間と呼んでいます。7日に満たない失業であれば、手当を支給しなくても、大きな問題はないといえるからです。待期期間中やその後に雇用保険説明会が開催され、受給手続きの進め方や再就職活動について説明が行われます。

第2章　失業等給付の法律と手続き　51

つまり、待期期間を経た翌日が、失業等給付の対象となる最初の日ということになります。

4週間に一度失業認定が行われる

この待期期間を過ぎると4週間に1回、失業認定日にハローワークに行くことになります。ここで失業状態にあったと認定されると、その日数分の基本手当が支給されます。

倒産、リストラなどの理由で離職した人は特定受給資格者にあたりますから、給付制限がありません。したがって、待期期間の満了から約4週間後の失業認定日の後、基本手当が指定口座に振り込まれます。給付制限（49ページ）がある場合とない場合とでは、下図のように支給までの流れが異なります。

■ 基本手当が支給されるまでの流れ

●支給までの流れ（給付制限のない場合）

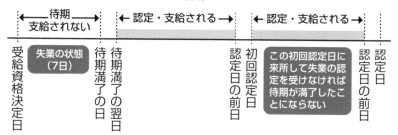

●支給までの流れ（給付制限がある場合）

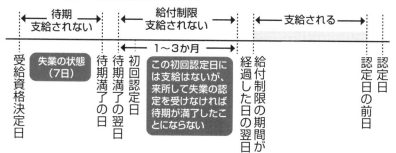

11 離職票が届いたらどうする

離職票はできればコピーをとっておくとよい

離職票は退職後10日で会社から届く

　従業員が退職した場合、会社は退職日の翌日から10日以内に、管轄のハローワークに「雇用保険被保険者資格喪失届」を提出しなければなりません。この「資格喪失届」には、被保険者の氏名、生年月日、被保険者となった年月日、喪失理由などが記され、退職日以前の賃金の支払状況を記入した「離職証明書」（54ページ）が添付されます。離職証明書は3枚1組の複写式の用紙になっており、1枚目が事業主控、2枚目は公共職業安定所用、3枚目が離職票になっていて、3枚目だけが退職者に手渡されます。つまり、離職証明書には退職者に交付する離職票と同じことが書いてあることになります。

　会社から交付された「離職票」は失業等給付の申請をする際に必要になる重要なものです。通常は会社から郵送などで届けられますが、退職後2週間経っても届かないようであれば、会社に確認した方がよいでしょう。手続きが遅れると、雇用保険の支給開始も遅れてしまい、結果として給付日数が残っていても途中で打ち切られるようなことも考えられます。受給期間をムダにしないように気をつけましょう。

離職票に基づいて受給資格が決まる

　離職票は、失業等給付を受ける権利があるのかどうか、またどれだけ受けることができるのかを証明する重要な書類です。

　ハローワークはこの書類に基づいて受給資格を決定します。離職票は、退職者の離職前の賃金と離職事由を証明するものです。この書類が証明する内容は、離職者本人が確認した上で署名してから、会社が

第2章　失業等給付の法律と手続き　53

書式 雇用保険被保険者離職証明書サンプル

⑦離職理由欄…事業主の方は、離職者の主たる離職理由が該当する理由を1つ選択し、左の事業主記入欄の□の中に○印を記入の上、下の具体的事情記載欄に具体的事情を記載してください。

【離職理由は所定給付日数・給付制限の有無に影響を与える場合があり、適正に記載してください。】

事業主記入欄	離　　職　　理　　由	※離職区分
□	1　事業所の倒産等によるもの 　（1）倒産手続開始、手形取引停止による離職	1 A
□	（2）事業所の廃止又は事業活動停止後事業再開の見込みがないため離職	1 B
□	2　定年によるもの 　定年による離職（定年　　歳） 　　定年後の継続雇用 { を希望していた（以下のaからcまでのいずれかを1つ選択してください） 　　　　　　　　　　　　 { を希望していなかった	2 A
	a　就業規則に定める解雇事由又は退職事由（年齢に係るものを除く。以下同じ。）に該当したため 　　　　（解雇事由又は退職事由と同一の事由として就業規則に定める「継続雇用しないことができる事由」に該当して離職した場合も含む。）	2 B
	b　平成25年3月31日以前に労使協定により定めた継続雇用制度の対象となる高年齢者に係る基準に該当しなかったため 　　c　その他（具体的理由：　　　　　　　　　　　　　　　　　　　　　　）	2 C
□	3　労働契約期間満了等によるもの 　（1）採用又は定年後の再雇用時等にあらかじめ定められた雇用期限到来による離職 　　（1回の契約期間　　箇月、通算契約期間　　箇月、契約更新回数　　回） 　　（当初の契約締結後に契約期間や更新回数の上限を短縮し、その上限到来による離職に該当　する・しない） 　　（当初の契約締結後に契約期間や更新回数の上限を設け、その上限到来による離職に該当　する・しない） 　　（定年後の再雇用時にあらかじめ定められた雇用期限到来による離職で　ある・ない） 　　（4年6箇月以上5年以下の通算契約期間の上限が定められ、この上限到来による離職で　ある・ない） 　　　→該当する場合（同一事業所の有期雇用労働者に一様に4年6箇月以上5年以下の通算契約期間の上限が平成24年8月10日前から定められて　いた・いなかった）	2 D
		2 E
□	（2）労働契約期間満了による離職 　　① 下記②以外の労働者 　　（1回の契約期間　　箇月、通算契約期間　　箇月、契約更新回数　　回） 　　（契約を更新又は延長することの確約・合意の　有・無（更新又は延長しない旨の明示の　有・無）） 　　（直前の契約更新時に雇止め通知の　有・無） 　　（当初の契約締結後に不更新条項の追加が　ある・ない） 　　　　　　　　　　　　　 { を希望する旨の申出があった 　　労働者から契約の更新又は延長 { を希望しない旨の申出があった 　　　　　　　　　　　　　 { の希望に関する申出はなかった	3 A
		3 B
		3 C
		3 D
	② 労働者派遣事業に雇用される派遣労働者のうち常時雇用される労働者以外の者 　　（1回の契約期間　　箇月、通算契約期間　　箇月、契約更新回数　　回） 　　（契約を更新又は延長することの確約・合意の　有・無（更新又は延長しない旨の明示の　有・無）） 　　　　　　　　　　　　　 { を希望する旨の申出があった 　　労働者から契約の更新又は延長 { を希望しない旨の申出があった 　　　　　　　　　　　　　 { の希望に関する申出はなかった	4 D
	a　労働者が適用基準に該当する派遣就業の指示を拒否したことによる場合 　　b　事業主が適用基準に該当する派遣就業の指示を行わなかったことによる場合（指示した派遣就業が取りやめになったことによる場合を含む。） 　　（aに該当する場合は、更に下記の5のうち、該当する主たる離職理由を更に1つ選択し、○印を記入してください。該当するものがない場合は下記の6に○印を記入した上、具体的な理由を記載してください。）	5 E
□	（3）早期退職優遇制度、選択定年制度等により離職	
□	（4）移籍出向	
□	4　事業主からの働きかけによるもの 　（1）解雇（重責解雇を除く。）	
□	（2）重責解雇（労働者の責めに帰すべき重大な理由による解雇）	
□	（3）希望退職の募集又は退職勧奨 　　① 事業の縮小又は一部休廃止に伴う人員整理を行うためのもの	
□	② その他（理由を具体的に　　　　　　　　　　　　　　　　　　　　　　）	
□	5　労働者の判断によるもの 　（1）職場における事情による離職 　　① 労働条件に係る問題（賃金低下、賃金遅配、時間外労働、採用条件との相違等）があったと労働者が判断したため	
□	② 事業主又は他の労働者から就業環境が著しく害されるような言動（故意の排斥、嫌がらせ等）を受けたと労働者が判断したため	
□	③ 妊娠、出産、育児休業、介護休業等に係る問題（休業等の申出拒否、妊娠、出産、休業等を理由とする不利益取扱い）があったと労働者が判断したため	
□	④ 事業所での大規模な人員整理があったことを考慮した離職	
□	⑤ 職種転換等に適応することが困難であったため（教育訓練の　有・無）	
□	⑥ 事業所移転により通勤困難となった（なる）ため（旧（新）所在地：　　　　　）	
□	⑦ その他（理由を具体的に　　　　　　　　　　　　　　　　　　　　　　）	
○	（2）労働者の個人的な事情による離職（一身上の都合、転職希望等）	
□	6　その他（1～5のいずれにも該当しない場合） 　　（理由を具体的に　　　　　　　　　　　　　　　　　　　　　　）	

具体的事情記載欄（事業主用）　　　転職希望による自己都合退職

⑯離職者本人の判断（○で囲むこと）
事業主が○を付けた離職理由に異議　有り・無し
（離職者氏名）　　加藤　聡

第2章　失業等給付の法律と手続き　　55

ハローワークに提出するのが原則です。離職済みの場合には、本人の確認にかわり会社が押印して届け出ることもあります。これらの書類は、ハローワークで会社が作成手続きを行うものです。手続きは、本人が実際に離職するまではできないため、後日、郵送などで離職票を受け取ることになります。

離職内容をしっかり確認する

離職票をハローワークに提出する前に会社から確認を求められた場合には、離職前の賃金が正しく記入されているか、離職理由の正しい個所に〇がついているか、「具体的事情記載欄（事業主用）」に記載されている内容が正しいかを確認しましょう。提出後に会社から離職票を受け取ったときは、「離職理由」と「具体的事情記載欄（事業主用）」をもう一度確認するようにしましょう。間違っているときは、会社に訂正してもらうことができますが、ハローワークから会社に確認してもらうこともできますので、あらかじめ賃金の明細書を用意しておきましょう。離職理由が自分の見解と会社の見解で異なる場合には、ハローワークが、離職理由を裏付ける資料などに基づいて最終判断を下すことになります。

■ 失業等給付受給までの流れ

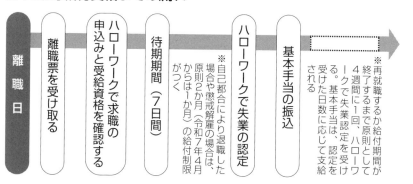

12 ハローワークでどんな手続きをするのか

失業認定日に行かないと基本手当はもらえないので注意する

求職者給付の手続きに必要なものをおさえておこう

　求職者給付の手続きのためにハローワークへ行くときには、①雇用保険被保険者離職票、②個人番号確認書類（マイナンバーカード、通知カードなど）、③本人名義の銀行の普通預金通帳（郵便局の貯金通帳も含む）またはキャッシュカード、④運転免許証など官公署の発行した写真つきの身分証明書、⑤写真2枚（上半身、縦3cm×横2.4cm）、の持参が必要です。

　1つ忘れただけでも受け付けてもらえない可能性がありますので、すべてそろっていることを確認してから出かけるようにしましょう。ハローワークに行くときには、受付時間にも注意しなければなりません。職業紹介については土曜日にも行っているところがありますが、受付時間は、ハローワークにより若干の差がありますが、平日の8時30分〜17時15分までとなっています。失業等給付の受給手続きについては、16時前までに行くようにしましょう。

最初に求職の申込みをする

　ハローワークで最初に行わなければならないことは求職の申込みです。求職の申込みは、求職申込書（61ページ）に必要事項を記入し、窓口に提出することから始まります。また、ハローワークのパソコンや自宅のパソコンから求職者情報を仮登録し、それから窓口で手続きを行うこともできます。ハローワークの担当者はこの記入された内容をもとに、できるだけ求職者の希望に近い会社を紹介してもらえます。自分に就職したいという意思と能力があることを認めてもらうために

第2章　失業等給付の法律と手続き　57

必要な求職申込書は、求職者給付を受ける上で欠かせません。

　自分の希望を上手に伝えることがよい再就職先を見つける第一歩となります。ただし、希望範囲をあまり限定しすぎると、条件に合う会社が少なくなってしまうので注意しましょう。また、労働条件にこだわりすぎる場合や、就職できる可能性がほとんどないような職業を希望した場合、失業状態と認定してもらえず、失業等給付の支給が受けられなくなってしまうこともあります。気が進まない場合には最終的に断ればよいのですから、職種、勤務地、月収、勤務時間など希望する条件は、多少幅を持たせるようにしましょう。

　なお、過去に経験した仕事の年数や、最後の会社に入社した年といった「数字」は間違いやすいものですので、事前に調べてメモしておきましょう。

受給資格決定後に説明会の日時が指示される

　求職の申込みとともに、求職者給付について受給資格の確認が行われます。このときに離職理由の確認や基本手当がどれだけ受けられるかなどが決定されます。

　求職の申込みが終わると、受給資格が決定され、給付課で説明会の日時が指示されます。この説明会で失業等給付を受けるために行う手続きについての説明があり、基本手当を振り込む金融機関の指定届、求職受付票などが配られます。

　手続きが終わると、「受給説明会」などの日程が記入されている「雇用保険受給資格者のしおり」が渡されます。このしおりには、今後のための注意事項が書いてあります。

　受給資格決定の日からの7日間が、失業の状態であることを確認するための待期期間となります。

　受給説明会は1時間程度です。給付を受ける際の注意点などについてビデオなどを利用した説明が行われます。最後に、今後の受給に必

要な「雇用保険受給資格者証」（64ページ）と「失業認定申告書」が渡されます。この説明会は大変重要なので必ず出席しましょう。受給説明会は対象者を決めて実施されますので、日を間違えたり、時間に遅れると受けられなくなってしまいます。日時はきちんと確かめておきましょう。ここで渡された「受給資格者証」には、受給資格の決定内容が詳しく記入されているので、よく読んでおく必要があります。

なお、病気やケガ、出産などで退職して、失業当初から求職活動ができない場合は、受給期間の延長を申請しましょう（42ページ）。

失業認定日は４週間に１回ある

失業認定日は、原則として４週間に１回指定されます。この指定された日には必ず出席しなければなりません。

認定日に確認されるのは、認定日直前の28日間（初回はもっと短いこともあります）について、実際に失業状態にあったかどうか、ということです。失業状態にあったと認定されると、認定された日数分の基本手当が支給されます。７日間の「待期期間」の翌日からが支給対象日です。ただ、給付制限のある人は、さらに給付制限期間が過ぎてから支給が開始されます。

失業認定日に行けない場合にはどうする

失業等給付は、失業していた日について支給されますが、失業していたかどうかは、ハローワークが本人の申告に基づいて認定します。一般被保険者の基本手当の認定は、原則として４週間に１回ずつ、事前にハローワークが指定した日に行われますが、高年齢被保険者の受ける高年齢求職者給付金（36ページ）は、１回の認定だけで一時金として支給されます。

では、この認定日にハローワークに行かなかった場合は、どうなるのでしょうか。その場合、その日に認定されるはずの期間の失業の認

第２章　失業等給付の法律と手続き　59

定が受けられないことになり、その結果、その期間の基本手当がもらえなくなってしまいます。そのため認定日を忘れないように注意してください。失業認定日は他の日に変更することができないのが原則ですが、やむを得ない理由によって指定された認定日に行くことができない場合、前日までに連絡をすれば認定日を変更してもらえる場合もあります。

　やむを得ない理由とは、次のようなものです。
① 　すでに就職した（臨時雇用も含む）
② 　就職のための面接や採用試験の受験
③ 　国家試験や検定などの資格試験の受検
④ 　働くことができない14日以内の病気およびケガ
⑤ 　親族の看護、危篤、死亡、葬儀
⑥ 　本人の結婚または親族の結婚式への出席
⑦ 　風水害などの天災
⑧ 　公共職業訓練等を受講する場合など

　いざというときに困らないように、認定日を変更できるケースを覚えておくとよいでしょう。

■ 雇用保険被保険者証サンプル

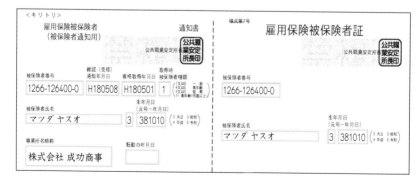

書式　求職申込書サンプル

求職申込書【表面】

受付年月日　令和 **7** 年 **7** 月 **1** 日

① 基本情報

フリガナ	オオヌマ ノリコ	性別	□男性 ☑女性 □記入しない	生年月日	大正 昭和 平成 **56**年**10**月**6**日 （ **43** 歳）	該当する場合はチェックしてください。	□障害あり（※1） □未就職卒業者（※2）
氏名	**大沼　則子**						

住所　〒 182 － ○○○○
東京都調布市○○町1－1－1

最寄り駅　**京王線調布**　（駅）・バス停・その他（　　　　　）

最寄り駅から自宅までの交通手段　（徒歩）・自転車・バイク・自動車・その他（　　）　所要時間 **10** 分

電話番号　**042** － 　　　　　 －　　　　　（呼出　　　　　方）　携帯電話 **090** － ○○○○ － ○○○○

FAX番号　☑電話番号と同じ　□異なる（FAX番号：　　　－　　　－　　　）

② 求職情報提供等

求職情報公開　☑求職情報を公開する（求人者からのリクエストがくる場合があります。）（※3）　□求職情報を公開しない

求職情報提供　☑地方自治体・地方版ハローワーク、民間人材ビジネスともに可　□地方自治体・地方版ハローワークのみ可　□民間人材ビジネスのみ可 □地方自治体・地方版ハローワーク、民間人材ビジネスともに不可

ハローワークからの連絡可否　☑連絡可（郵便）・（電話）・（携帯電話）・（FAX）　□連絡不可

③ 希望職種・時間等

就業形態	☑フルタイム □パート □季節労働	雇用期間	☑定めなし □定めあり（4ヶ月以上） □定めあり（4ヶ月未満） □日雇（日々雇用又は1ヶ月未満）	希望がある項目全てに☑してください。	☑正社員希望 □派遣可 □請負可	（公開）・非公開

希望する仕事1（※4）	職種	**介護職**	内容	**介護施設での介護業務**（経験（□経験なし ☑3年未満 □3年以上））	公開
希望する仕事2（※4）	職種		内容	（経験（□経験なし □3年未満 □3年以上））	

希望勤務時間

☑あり

始業時間	終業時間
8 時 **30** 分 ～	**17** 時 **30** 分

1日の希望時間（パート希望の場合のみ記入）　時間程度

週の希望日数（パート希望の場合のみ記入）　日程度

□なし

夜勤　□こだわらない □可 ☑不可

交替制（シフト制）　□こだわらない □可 ☑不可

（公開／非公開）

希望休日・週休二日制

休日希望　☑あり ➡ □月 □火 □水 □木 □金 □土 ☑日　☑祝日　☑その他（夏季休暇、年末年始休暇 等）

□なし

週休二日制（フルタイム希望の場合のみ記入）　☑毎週 □その他 □不問

（公開／非公開）

④ 希望勤務地・賃金

希望勤務地（※4）：　○○都○○市内での勤務を希望

交通手段：☑徒歩 ☑電車 □車 □バイク □自転車 ☑バス で［ **30** ］分以内

マイカー通勤の希望：□あり ☑なし　在宅勤務の希望：□あり ☑なし

（公開／非公開）

UIJターン希望	□あり（UIJターン先都道府県の希望（3つまで）　　　　　） ☑なし	（公開）・非公開
転居	□可（単身・家族共）☑不可（公開）・非公開　　海外勤務　□可 ☑不可	（公開）・非公開

（※1）障害者として求職活動を希望する場合に選択してください。
（※2）学校等を卒業又は修了した日の翌日以降、一度も就職していない場合を指します。
（※3）求職情報を公開するを選択した場合には、希望職種、希望勤務地、最終学歴、免許・資格等が求人者に公開されます。その他、求人者からリクエストがあり、ハローワークから連絡がくることがあります。また、「公開・非公開」マークがある項目は、公開の可否を選択することができます。
（※4）更に追加が必要な場合は続紙をご利用ください。（※5）直近のものから順番に記載してください。
（※6）外国人（特別永住者を除く）の方は、在留資格、在留期間、資格外活動許可の有無を記載してください。また、在留資格「特定技能」の場合は、対応する特定産業分野、業務区分も記載してください。

第2章　失業等給付の法律と手続き　61

求職申込書【裏面】

<table>
<tr>
<td rowspan="5">④希望勤務地・賃金</td>
<td colspan="2">希望賃金</td>
<td colspan="2">☑希望月収（税込）（ 23 万円以上） 公開
□ 希望時間額（パート希望の場合）（ 円以上） 非公開</td>
<td colspan="2">家庭の状況</td>
<td colspan="2">配偶者： ☑あり □なし
扶養家族： 0 人</td>
</tr>
</table>

④希望勤務地・賃金

希望賃金	☑希望月収（税込）（ **23** 万円以上） 公開 □ 希望時間額（パート希望の場合）（ 円以上） 非公開	家庭の状況	配偶者： ☑あり □なし 扶養家族： **0** 人

仕事をする上で留意を要する家族（乳幼児・要介護者等）☑あり（ 小学校低学年１人 ） □なし

仕事をする上で身体上注意する点 □あり（ ） ☑なし

就職についての条件・その他の希望（※6）： 育児（小学生１人）しながらの就業であるため、日曜日は休みを希望

こだわり条件（３つまで選択可）☑職種 仕事の内容 □勤務時間 □就業形態 ☑休日 ☑勤務地 □賃金

⑤学歴・資格

学歴

最終学歴：□中学 ☑高校 □高等学校専攻科 □高専（5年制）□専修・専門 □短大 □大学 □大学院 □能開校

区分 ☑卒業・修了 □卒業・修了予定 □中退 □在学中 卒業年月（公開対象外）：大正・昭和・㋹平成・令和 **12**年 **3**月 公開

専攻科目： 普通科 　備考：

訓練受講歴1（※4） ㋹公開 / 非公開

機関（訓練校・各種学校）： ○○○○○○○校

学科（コース）名： 介護福祉コース

科目内容： 介護職員初任者研修、レクリエーション介護士２級の養成

受講期間：昭和・平成 ㋹令和 **6**年 **1**月 **7**日 ～ 昭和・平成 ㋹令和 **6**年 **3**月 **28**日

免許・資格（※4） 公開 / 非公開

普通自動車運転免許：☑あり（□限定なし ☑AT限定） □なし ㋹公開 非公開

免許・資格	（ 介護職員初任者研修 取得：昭和・平成 ㋹令和 **6**年 **3**月）
	（ レクリエーション介護士２級 取得：昭和・平成 ㋹令和 **6**年 **3**月）
	（ 取得：昭和・平成・令和 年 月）

PCソフト・PCスキル ㋹公開 / 非公開

文書作成ソフト： 報告書作成

表計算ソフト： データ集計

プレゼンテーション資料作成ソフト：

その他のソフト：

⑥経歴

経験した主な仕事1（※4、5） ㋹公開 / 非公開

就業形態：☑雇用 □自営 　雇用形態：☑正社員 □正社員以外（ ）

職種： 介護職 　退職時（現在）の税込月収： **24** 万円 非公開

仕事内容： 介護施設での介護業務全般

在籍期間：昭和・平成 ㋹令和 **3**年 **4**月 ～ 昭和・平成 ㋹令和 **5**年 **12**月

働いていた（いる）期間：約 年 ヶ月間 現在の状況： ☑既退職 □在職中

退職理由：☑自己都合 □期間満了 □定年退職 □解雇・雇い止め □その他 非公開 ［ その他の退職理由： ］

経験した主な仕事2（※4、5）

就業形態：☑雇用 □自営 　雇用形態：□正社員 ☑正社員以外（契約社員）

職種： 一般事務 　退職時（現在）の税込月収： **24** 万円 非公開

仕事内容： 電話応対、来客対応、郵便物発送・収受、労務管理、公的機関への書類提出など

在籍期間：昭和 ㋹平成・令和 **19**年 **4**月 ～ 昭和・㋹平成・令和 **23**年 **3**月

働いていた（いる）期間：約 年 ヶ月間 現在の状況： ☑既退職 □在職中

退職理由：☑自己都合 □期間満了 □定年退職 □解雇・雇い止め □その他 非公開 ［ その他の退職理由： ］

求職者マイページの開設をご希望される場合は、Eメールアドレスをご記入ください。

Eメールアドレス：

求職申込書（自己PRシート）

受付年月日　　令和　　7　年　7　月　1　日

・求職情報の公開を希望する場合（※1）や求職情報の提供を希望する場合（※2）、本シートをご記入ください。
（※1：「求職申込書」で「求職情報を公開する」にチェックした場合　※2：「求職申込書」で「求職情報提供」について「可」とした場合）
・「求職申込書」で①「公開」と表示された項目、②「公開」を選択した項目、③本シートの項目（氏名、性別、生年月日を除く）が
　求職情報として公開・提供されます。

フリカナ	オオヌマ　ノリコ	性別	男・**女**	生年月日	大正 **昭和** 平成	56 年 10 月 6 日 （ 43 歳）
氏名	大沼　則子					

①専門知識・技術・能力の内容

《自由入力です。自分の能力を示す事実（活かせる技能・技術・知識）や能力を身につけるために努力した経験（業務関連の学歴、職業訓練、社内研修、自己啓発）などを記入してください。》

　　もともと母親が介護施設で栄養士をしており、小さい頃から母親と一緒に介護施設に行くことが多く、高齢者と会話をすることが自然とできます。
　　育児をしながら、家庭との両立ができる介護の仕事を選び2年8カ月ほど介護施設で介護の経験をしました。具体的には、食事介助や入浴介助、排泄介助などです。
　　職業訓練を受講し、介護職員初任者研修も修了しました。

（公開）

（最大600文字）

②アピールポイント

《仕事に対する取組姿勢、仕事に活かせる特技や過去の成果など、特に求人者にアピールしたいことについて記入してください。》

　　前職では、介護業務全般だけでなく、レクリエーションにも力を入れてきました。1日の多くを部屋で過ごされる利用者様も多い中、毎週1回レクリエーションの時間を設けることで、別の利用者様と接する機会や体を動かす時間を増やすことができました。楽しそうにされている笑顔を見ると、レクリエーションを企画してよかったと、仕事のやりがいにもつながりました。
　　職業訓練では、介護職員初任者研修の他にレクリエーション介護士2級も取得したので、経験と知識を活かしていきたいと考えています。

（公開）

（最大600文字）

③その他特記事項

《自由入力です。上記のほか、特に求人事業主にアピールしたい内容や希望する条件等があれば記入してください。》

　　私の長所は、「明るい」ことです。笑顔で話しかけることで、周りを明るくすることができます。以前に勤めていた会社の同僚からも同様の評価をいただいています。
　　また、小学生の子どもがいるため、日曜日は休日を希望しています。
　　よろしくお願いいたします。

（公開）

（最大600文字）

(R020401)

第2章　失業等給付の法律と手続き

資料　雇用保険受給資格者証サンプル（第1面）

様式第11号（第17条の2関係）（第1面、第2面）

雇用保険受給資格者証　（第1面）

1. 支給番号	48010-17-000109-7		2. 氏名 コヨウ タロウ	
3. 被保険者番号 4800-010566-2	4. 性別 男	5. 離職時年齢 27	6. 生年月日 4-010416	7. 求職番号 12345
8. 住所又は居所				
9. 支払方法（記号（口座番号・金融機関名・支店名）安定所現金（G）				
10. 資格取得年月日 290401	11. 離職年月日 061231		12. 離職理由	
13. 60歳到達時賃金日額	14. 離職時賃金日額 6,666		15. 給付制限	
16. 求職申込年月日 070106	17. 認 1型-月 定	18. 受給期間満了年月日 071231		
19. 基本手当日額 4,747	20. 所定給付日数 90	21. 通算被保険者期間 090900		
22. 離職 前職	事業所			
23. 再就職手当支給歴	24. 特殊表示（災害時、一括、巡回、市町村）0000			

ロウドウシジョウセンターカブシキガイシャ
労働市場センター株式会社

公共職業安定所長印

安定所連絡メッセージ1
安定所連絡メッセージ2
安定所職業安定所課又は
管轄公共職業安定所所在池
電話番号　　03-3929-3311

〒177-0044　練馬区上石神井

安定所職業安定所又は
管轄地方運輸局所在地
電話番号

───── 折 り 曲 げ 線 ─────

公共職業安定所

出典：厚生労働省ハローワークインターネットサービス

資料　雇用保険受給資格者証サンプル（第2面）

― ― ― ― ― ― ― ― ― ― 折 り 曲 げ 線 ― ― ― ― ― ― ― ― ― ―

注意事項

1　この証は、第1面の受給期間満了年月日までは大切に保管してください。もし、この証を滅失したときは、速やかに申し出て再交付を受けてください。なお、この証は、折り曲げ線以外では折り曲げないでください。

2　失業の認定、又は失業等給付を受けようとするときは、この証を失業認定申告書その他関係書類に添えて原則として管轄公共職業安定所又は管轄地方運輸局の長に提出してください。

3　あなたが口座振込受給資格者である場合、支給金額欄の金額を、あらかじめ指定された金融機関の預貯金口座に振り込む手続を、失業認定日に行いますので、その金融機関から支払を受けてください。なお、この場合、その金額は金融機関から支払を受けることができる日が、基本手当の支給日となります。

4　定められた失業の認定日に来所しないときは、基本手当の支給を受けることができなくなることがあります。

5　失業の認定を受けようとする期間中に就職した日があったとき、又は自己の労働によって収入を得たときは、その旨を必ず届け出てください。

6　偽りその他不正の行為によって失業等給付を受け、又は受けようとしたときは、以後失業等給付を受けることができなくなるほか、不正受給した金額の返還を命ぜられ、又はこれに加えて一定の金額の納付を命ぜられ、また、処罰されることがあります。

7　氏名又は住所若しくは居所を変更したときは、その後最初に来所した失業の認定日に届け出てください。

8　第1面に書かれている所定給付日数は、受給期間満了年月日までの間に基本手当（傷病手当）の支給を受けることができる最大限の日数です。

9　失業等給付に関する処分又は上記6の返還若しくは納付を命ずる処分について不服があるときは、その処分があったことを知った日の翌日から起算して3箇月以内に、雇用保険審査官に対して審査請求をすることができます。

10　雇用保険について分からないことがあった場合には、公共職業安定所又は地方運輸局の窓口で御相談ください。

雇用保険説明会　　　年　月　日　出席済

被保険者番号

（バーコード貼付欄）

求職番号

（バーコード貼付欄）

支給番号

NNN

（第2面）
2017.1

13 失業認定申告書はこう書く

就職活動の状況や就労の有無を記載する

認定期間中の就労について正確に申告する

　4週間に1回の認定日には前回の認定日から今回の認定日の前日までの就職活動の状況や、就労の有無などを申告する失業認定申告書（次ページ）をハローワークに提出する必要があります。

　この期間内に就職・就労・内職・手伝いなどを行った場合には、申告書のカレンダーの該当日をマークします。この場合、収入のあった日と金額も申告します。申告した内容が事実と異なる場合、たとえ悪意はなかったとしても不正受給とみなされてしまいますから注意してください。

　就労をしたことを申告（失業認定申告書のカレンダーの○の日）したら、基本手当が支給されなくなるように思うかもしれませんが、その時点では支給されなくても、本来の支給終了日の後に支給残日数としてプラスされるので心配は無用です。

　また、就職活動状況の記入欄も重要なものです。この欄には就職先を探したかどうか、結果はどうだったか、探さなかった場合にはその理由など、事実を記入します。現在は、認定日ごとに少なくとも2回以上の「求職活動実績」が必要です。ただ、実際に応募した場合だけでなく、ハローワークの求人情報（備えつけのパソコンで検索できます）をもとに相談窓口で相談するだけでも「求職活動」として認められます。

　なお、自己都合などで退職した場合には、給付制限期間中2か月（または3か月）とその直後の認定対象期間を合わせた期間について、原則2回（または3回以上）の求職活動実績が必要となります。

66

書式　失業認定申告書サンプル

14 失業等給付の受給中に病気やケガをしたらどうする

病気やケガの期間によって手続きが変わる

15日以上働けない場合は傷病手当を受ける

　ハローワークに行って（出頭）、求職の申込みをした後に、引き続き30日以上働くことができなかったときは、受給期間の延長をすることができます（42ページ）。また、疾病または負傷が原因で継続して15日以上職業に就けない場合は、傷病手当支給申請書（次ページ）を提出することで基本手当に代えて、傷病手当を受給することができます。傷病手当も求職者給付のひとつです。なお、15日未満の病気やケガなどについては、傷病証明書により失業の認定が受けられます。つまり、基本手当の対象です。

　傷病手当が支給されるのは、一般被保険者だけです。傷病手当の受給要件は次の３つです。

① 　受給資格者であること

② 　離職後、ハローワークに出頭し、求職の申込みをすること

③ 　求職の申込後に病気やケガのため、継続して15日以上職業に就けない状態にあること

　傷病手当の支給額は基本手当とまったく同額です。単に名前が変わって支給されるものと考えてください。傷病手当の支給日数は、求職の申込みをした労働者の基本手当の所定給付日数から、その労働者がすでに支給を受けた給付日数を差し引いた日数になります。

　なお、基本手当の待期期間や給付制限期間については、傷病手当は支給されません。

書式 傷病手当支給申請書サンプル

様式第22号(第63条関係)(第1面)

傷病手当支給申請書

※ 帳票種別

`1 2 2 0 9`

1.支給番号

2.未支給区分

☐ (空欄：未支給以外 1：未支給)

3.支給期間(初日)　　　(末日)

元号　　年　　月　　日　　年　　月　　日

(4 平成 5 令和)

4.傷病日数

5.特例日額不支給日数

6.内職(労働日数－収入額)

円

7.公害補償手当減額分

円

傷病手当不支給日数

申請者	1 氏 名	橘くるみ	2 性別	男・⊛	3 生年月日	昭和・平成・令和 56 年 6 月10日

診療担当者の証明	4 傷病の名称及びその程度	肺炎				
	5 初診年月日	令和○年 8 月26日	6 傷病の経過	令和○年 9 月15日		治ゆ・転医中止・継続中
	7 傷病のため職業に就くことができなかったと認められる期間	令和○年 8 月26日から　　　令和○年 9 月15日まで　　21 日間				
	8 上記のとおり証明する。 令和○年 9 月15日　(電話番号　　　　　　　)					
	診療機関の所在地及び名称　豊島区大塚4-1-16 診療担当者氏名　東京中央病院　　平田隆之					

支給申請期間	9 同一の傷病により受けることのできる給付	第2面の注意の3の中から選んでその番号を○で囲んでください。　　(1) (2) (3) (4) (5) (6) (7) (8)	
	10 9の給付を受けることのできる期間	令和　年　月　日から　　令和　年　月　日まで　　日間	
		令和　年　月　日から　　令和　年　月　日まで　　日間	
	11 傷病手当の支給を受けようとする期間	令和○年 8 月26日から　　令和○年 9 月15日まで　　21 日間	

12 内職若しくは手伝いをした日、又は収入のあった日、その額等を記入してください。	内職又は手伝いをした日	収入のあった日　月　日 収入額　　円 何日分の収入か　日分
	月／月／月 日／日／日	収入のあった日　月　日 収入額　　円 何日分の収入か　日分
		収入のあった日　月　日 収入額　　円 何日分の収入か　日分

雇用保険法施行規則第63条第2項の規定により上記のとおり傷病手当の支給を申請します。

令和○年 10月10日

公共職業安定所長
地方運輸局長　殿

申請者氏名　橘くるみ
支給番号(01-014646-3)

※ 処理欄	支給期間 令和　年　月　日から　　令和　年　月　日まで　　日間

備考

※ 所属長	次長	課長	係長	係	操作者

2021.9

第2章　失業等給付の法律と手続き　69

15 雇用継続給付にはどんな給付があるのか

失業しないようにするための給付がある

失業を予防するための給付

　少子高齢化に伴う雇用情勢の変化の中で、労働者にさまざまな問題が起きています。加齢による労働能力の低下や介護のための休業の取得により、賃金収入が減少する、あるいはなくなることもあります。こうした状況を放置してしまうと、労働者の雇用の継続が困難となり、失業してしまうことも十分に考えられます。

　そこで、雇用保険では、「雇用の継続が困難となる事由」が生じた場合を失業の危険性があるものとして取り扱うことにしました。雇用の継続が困難となる事由が生じた場合には雇用継続給付が行われます。雇用継続給付には、高年齢雇用継続給付、介護休業給付があります。

　なお、休業の取得による賃金収入の減少、それに伴う雇用継続の維持の必要性という点については育児休業給付（239ページ）も同様ですが、雇用継続給付という位置付けではなく育児休業給付という独立した給付区分が設けられています。

育児休業をした場合の給付

　少子化傾向や女性の社会進出に対応するため、育児休業を取得しやすくすることを目的とした給付が育児休業給付です。

　1歳未満の子の養育を理由に休みを取得できるのが育児休業制度です。なお、子が1歳以上になっても保育園に預けられないなどの事情がある場合には、1歳6か月まで、それでも前述のような事情がある場合で働けないときには2歳まで延長することができます。育児休業給付金は、雇用保険の一般被保険者が育児休業を取得した場合に支給

されます。支給金額は、休業開始時の賃金日額に支給日数を乗じた額の50％（休業開始後6か月間については67％）相当額となります。父母がともに育児休業を取得するパパママ育休プラス制度を利用する場合は、子が1歳2か月になるまで育児休業給付を受けることができます。

また、新しい制度として子が生まれた直後の8週間の間に、パパが育児休業（パパ育休）を取得した場合には、出生時育児休業給付金が支給されます。なお、育児休業も出生時育児休業も、それぞれ分割取得（2回まで）が可能です。

介護休業をした場合の給付

被保険者が家族（配偶者や父母、子など一定の家族）を介護するために、介護休業を取得した場合に支給されます。介護休業給付を受けることができるのは、介護休業開始前2年間に、賃金支払の基礎となった日数が11日以上ある月が12か月以上ある被保険者です。介護休業給付は、介護休業開始日から最長93日間を限度として取得でき、介護休業開始時賃金日額の67％（原則）相当額が支給されます。介護休業給付は、同一の家族について3回に分けて支給することもできますが、通算の限度日数は93日となります。

高年齢雇用継続給付には2種類ある

今後の急速な高齢者の増加に対応するために、労働の意欲と能力のある60歳以上65歳未満の者の雇用の継続と再就職を援助・促進していくことを目的とした給付が高年齢雇用継続給付です。

高年齢雇用継続給付には、①高年齢雇用継続基本給付金と、②高年齢再就職給付金の2つの給付があります。

高年齢雇用継続基本給付金が支給されるのは、被保険者（労働者）が定年再雇用などにより、60歳以降の賃金と60歳時の賃金を比較して大幅に低下したときに支給されます。具体的には、60歳時点に比べて

第2章　失業等給付の法律と手続き　　71

各月の賃金額が61 〜 75％未満に低下した状態で雇用されているときに、下図のような額の高年齢雇用継続基本給付金が支給されます。図中のみなし賃金日額とは、60歳に達した日以前の6か月間の賃金の総額を180で割った金額のことです。

　高年齢再就職給付金とは、雇用保険の基本手当を受給していた60歳以上65歳未満の受給資格者が、基本手当の支給日数を100日以上残して再就職した場合に支給される給付のことです。支給残日数が100日以上200日未満であれば1年間、200日以上であれば2年間、高年齢雇用継続基本給付金と同じ支給額を受け取ることができます。

　なお、令和7年4月以降に60歳を迎えた人は、高年齢雇用継続給付の支給額が縮小されます。具体的には、60歳時点に比べて各月の賃金額が64％（変更前は61％）未満となった場合、実際に支払われた賃金額に10％（変更前は15％）を乗じた額が支給されることになります。また、64 〜 75％未満に低下した状態で雇用されている場合、実際に支払われた賃金額に10％から一定割合で減らした率を乗じた額が支給されることになります。

■ 高年齢雇用継続基本給付金の支給額 …………………………………

支払われた賃金額		支　給　額
みなし賃金日額×30日の	61％[※1]以下	実際に支払われた賃金額×15％[※2]
	61％[※1]超75％未満	実際に支払われた賃金額×15％[※2]から一定の割合で減らした率
	75％以上	不支給

※1　令和7年4月以降は64％　　※2　令和7年4月以降は10％

16 再就職先が見つからないときはどうする

職業訓練を受講し、延長給付も受けられる

基本手当が延長して支給される場合がある

本来の基本手当の給付日数では保障が足りない人に対して、給付日数を延長する制度も用意されています。

たとえば、受給資格者がハローワークの指示した公共職業訓練等（期間が2年以内のもの）を受講する場合に、訓練が終了する日までは、本来の所定給付日数を超えて基本手当が支給されます。公共職業訓練等を受けるために待機している人については、90日間までは延長給付を受けることができます。訓練等を受け終わっても、まだ就職が困難と認められる受給資格者には、さらに30日間を上限として給付日数が延長されます。

また、失業者が多数発生したと指定された地域で管轄区域外での求人活動である「広域職業紹介活動」が必要と認められる受給資格者は、90日分までは所定給付日数を超えて基本手当を受給できます（広域延長給付）。広域延長給付を受けた場合、受給期間も給付日数延長分だけ延長されます。

職業訓練を受講すると技能習得手当が支給される

就職・転職をする場合は、何らかの資格や技術をもっていた方が有利です。

ただ、就職や転職にあたって、何か手に職をつけたいと思っても、専門学校などに通うとなるとそれなりのお金と時間がかかります。そのような場合、独立行政法人高齢・障害・求職者雇用支援機構の運営する訓練施設（職業能力開発促進センターなど）や都道府県で運営す

第2章　失業等給付の法律と手続き　73

る公共職業訓練学校（民間の専門学校に訓練を委託して行う場合もある）で職業訓練を受けるという方法があります。公共職業訓練の受講料は無料です。その上、雇用保険の失業等給付（基本手当）の給付制限が解除されたり、訓練中は失業等給付が延長支給されたりする場合もあります。

　職業訓練の受講対象者は、原則として、積極的な求職活動をしている者で、受講開始日からさかのぼって１年以内に公共職業訓練を受講していない者です（自治体によって異なることもあります）。訓練期間は３か月から１年とされ、訓練内容としては、職業能力開発促進センターは、たとえば金属加工科、住宅リフォーム技術科など「ものづくり」を中心とした講座を用意しています。また、都道府県ではその地域の経済の実情に合わせた訓練を行っており、介護サービス科、ホテルサービス科などの講座を設けているところもあります。

　ただ、訓練の内容（科目）によっては、年齢や離職者・転職者向け、障害者あるいは雇用保険受給者を対象とするなど、年齢や状況によって対象者を限定している場合もあります。離職者・転職者向けの訓練は、ハローワークが求職者に対する職業相談などを行い、離職者訓練の受講が就職に必要であると認め、職業訓練を受けるために必要な能力があると、ハローワークが判断した場合に、離職者訓練受講の斡旋が行われることになります。なお、公共職業訓練の情報は、https://www.hellowork.mhlw.go.jp/で探すこともできます。

　職業訓練を受けるときに知っておきたい給付金が、雇用保険の技能習得手当です。技能習得手当は、職業訓練を利用して失業中に新しい技術を身につけたいという人をバックアップしてくれる手当です。

技能習得手当には２種類ある

　雇用保険の基本手当（求職者給付のこと）を受給する権利のある者（受給資格者）が公共職業安定所長の指示する公共職業訓練を受講す

る場合、その受給期間について、基本手当に加えて、技能習得手当が支給されます。技能習得手当には、①受講手当と②通所手当の２つの種類があります。

① 受講手当

受給資格者が公共職業安定所長の指示する公共職業訓練などを受講した日であって、かつ基本手当の支給の対象となる日について１日あたり500円（上限２万円）が支給されます。

待期期間（７日間）、給付制限される期間、傷病手当（68ページ）が支給される日、公共職業訓練を受講しない日については受講手当は支給されません。いわば、訓練生の昼食代補助のようなものです。

② 通所手当

公共職業安定所長の指示する公共職業訓練等を受講するために電車やバスなどの交通機関を利用する場合に支給される交通費です。マイカーを使った場合も支給の対象となります。原則として、片道２km以上ある場合に支給されます。支給額は通所（通学）距離によって決められていて、１か月の上限額は４万2,500円です。基本手当の支給の対象とならない日や公共職業訓練等を受けない日があるときは、その分、日割り計算で減額され支給されます。

家族と離れて暮らすときには寄宿手当も出る

雇用保険の受給資格者が公共職業訓練等を受けるために、扶養家族

■ 技能習得手当 ･･････････････････････････････････

技能習得手当
┏ ①受講手当・・・１日あたり原則 500 円
　　　　　　　　（上限２万円）
┗ ②通所手当・・・交通費実費
　　　　　　　　（１か月の上限 42,500 円）

第２章　失業等給付の法律と手続き　75

（配偶者や子など）と離れて暮らす必要がある場合には、その期間について、寄宿手当が支給されます。寄宿手当の支給額は月額1万700円（定額）です。ただし、1か月のうち、家族と一緒に暮らしている日については、1万700円からその分減額され寄宿手当が支給されることになります。

再就職先を辞めた場合に以前の資格で基本手当を受給できるか

　失業後、就職活動をして、新しい再就職先が見つかったとしても、再就職先の雰囲気になじめず、辞めてしまう人もいるでしょう。また、再就職先でも数か月で解雇されてしまうケースもあります。このように、再就職先を辞めてしまった場合でも、次の①〜③の要件にあてはまれば、雇用保険の基本手当を受給できます。受給するための要件や、必要書類については管轄のハローワークに問い合わせてみるのがよいでしょう。

①　再就職する前に基本手当をもらっていないか基本手当の残りがある

②　前の会社を辞めた翌日から1年以内で、基本手当の受給期限内（前の離職日の翌日から原則1年）である

③　再就職先で雇用保険の加入期間が1年（または6か月）以内で、新たな受給資格が発生していない

　再就職手当を受け取っている場合、以下の計算式で算出します。

受給日数＝所定給付日数−すでに受給した日数−再就職手当に該当する日数

　手続きには、雇用保険受給資格者証と離職票もしくは資格喪失確認通知書が必要となります。支給の対象となる日は、離職後にハローワークで届出を行い、再度の求職申込みをした日からとなるため、できるだけ早くハローワークで手続きを済ませる方がよいでしょう。

17 再就職を支援するさまざまな給付について知っておこう

再就職を促進するいろいろな制度がある

再就職を応援するのが就職促進給付

　雇用保険には失業したときに支給される給付だけでなく、失業者の再就職活動をより直接的に援助・促進するための給付があります。これを就職促進給付といいます。就職促進給付には支給目的によって以下の3つの種類があります。

① 就業促進手当

② 移転費

③ 求職活動支援費

　①はさらに、「再就職手当」「就業促進定着手当」「常用就職支度手当」の3種類に分かれます。ただし、就職促進手当（常用就職支度手当は除く）の受給対象者に、65歳以上の高年齢受給資格者（失業した高年齢被保険者で高年齢求職者給付金の受給資格のある者）は含まれませんので、65歳以上の定年退職者などが仕事を見つけたとしても支給されません。

再就職手当は早期再就職したときに支給される

　受給資格者（失業した一般被保険者で基本手当の受給資格のある者）が失業後、早期に再就職した場合に支給されます。支給額は所定給付日数の支給残日数に基本手当日額を掛けて算出した金額の6割または7割に相当する額です（一定の上限額があります）。

　再就職手当＝所定給付日数の支給残日数×60％もしくは70％×基本手当日額（上限あり）

　給付額は基本手当の支給残日数によって異なります。基本手当の支給残日数が3分の2以上の受給者に対しては支給残日数に基本手当日

第2章　失業等給付の法律と手続き　　77

額を掛けて算出した金額の7割、3分の1以上の受給者に対しては支給残日数に基本手当日額を掛けて算出した金額の6割が支給されます。

　なお、再就職手当を計算する際の基本手当日額については、離職時の年齢によって上限額が定められており、離職時の年齢が60歳未満の場合には6,395円、60歳以上65歳未満であれば5,170円が上限となります（令和6年8月1日現在）。

　再就職手当は、受給資格者が以下の要件のすべてに該当する場合に支給されます。

①　受給手続後、7日間の待期期間満了後に就職、または事業を開始したこと

②　就職日の前日までに失業の認定を受けた上で、基本手当の支給残日数が、所定給付日数の3分の1以上あること

③　離職した前の事業所に再び就職したものでないこと。また、離職した前の事業所と資本・資金・人事・取引面で密接な関わり合いがない事業所に就職したこと

④　自己都合などの理由で離職したために給付制限を受けている場合には、求職申込み後、待期期間満了後1か月の期間内は、ハローワークまたは職業紹介事業者の紹介によって就職したものであること

⑤　1年を超えて勤務することが確実であること

⑥　原則として、雇用保険の被保険者になっていること

⑦　過去3年以内の就職について、再就職手当または常用就職支度手

■ 就職促進給付の種類 ……………………………………………………

就職促進給付
- ①就業促進手当
  - 再就職手当
  - 就業促進定着手当
  - 常用就職支度手当
- ②移転費
- ③求職活動支援費

当の支給を受けたことがないこと
⑧　受給資格決定（求職申込み）前から採用が内定した事業主に雇用されたものでないこと
⑨　再就職手当を支給することが受給資格者の職業の安定に貢献すると認められること。

　さらに、離職前の賃金と比べて再就職後の賃金が下がった場合に、新しい職場に6か月間定着することを条件として、賃金の下がった部分の6か月分（上限は基本手当日額×支給残日数×40％または30％。ただし、令和7年4月からは一律20％となる）が、一時金（就業促進定着手当）として、上記の再就職手当に上乗せされて支給されます。

中高年齢者の受給資格者や障害者などが再就職した場合の手当

　再就職が決まっても一定の支給残日数が残っていない場合、再就職手当は受けられません。しかし、就職時に45歳以上の中高年齢者の受給資格者（再就職援助計画の対象者）や障害者など一般に就職が困難な人が再就職した場合で、基本手当の支給残日数が所定給付日数の3分の1未満であることなど一定の要件を満たした場合には、常用就職支度手当が支給されることがあります。この支度手当は、就職が困難な人が、支給日数が残っている受給期間内に、ハローワークの紹介で安定した職業についた場合に支給される手当です。常用就職支度手当の支給額は、基本手当の支給残日数により、45〜90日分の基本手当日額の40％となります。

■ 常用就職支度手当の額 ……………………………………………………

支給残日数	常用就職支度手当の額
90日以上	90日分×基本手当日額×40％
45日以上90日未満	残日数×基本手当日額×40％
45日未満	45日分×基本手当日額×40％

第2章　失業等給付の法律と手続き　　79

1か月以内に申請手続をすること

　再就職手当や常用就職支度手当は、要件を満たして待っているだけでは受給できないため、申請を行う必要があります。再就職手当の場合、支給申請書に必要事項を記入し、ハローワークに提出します。この申請書には、再就職先の事業主の署名が必要ですから、あらかじめもらっておくようにしましょう。具体的には、「受給資格者のしおり」にある「採用証明」について新しく勤める会社に記入してもらいます。これをハローワークに提出し、「再就職手当支給申請書」を受け取り、新しく勤める会社に提出します。さらに、会社からもらった「受給資格者証」を申請書に添付して、ハローワークに提出します。提出は、採用日から1か月以内にハローワークに直接あるいは郵送で行いましょう。手続きに問題がなければ、基本手当が振り込まれていた口座と同じ口座に振り込まれます。常用就職支度手当についても、基本的には、再就職手当と同様の手続きが必要であり、「常用就職支度手当支給申請書」を提出することになります。

要件を満たせば移転費がもらえる

　ハローワークの紹介で就職先が決まった者の中には、再就職のために転居が必要な者もいるでしょう。こういった者には「移転費」が支給されます。移転費が支給されるのは次の①または②のいずれかに該当し、公共職業安定所長が必要と認めた場合です。

① 　受給資格者がハローワークの紹介した職業に就くため、または公共職業訓練等を受けるため、住所または居所を変更する場合

② 　事業所または訓練施設が、自宅から往復4時間以上かかり、住所または居所を変更する必要があると認める場合

　移転費には、鉄道運賃、船賃、航空賃、車賃、移転料、着後手当の6つの種類があります。鉄道運賃、船賃、航空賃、車賃は支給対象者に同伴する同居の親族の分も加算して支給されます。また、移転料は、

移転距離や親族の随伴状況に応じて額が変わります。着後手当は親族が随伴する場合には76,000円（移転距離が100kmを超える場合95,000円）が支給され、単身者の場合、その半額分が支給されます。

　移転費の支給を受ける場合は、引っ越した日の翌日から１か月以内にハローワークに支給申請書を提出します。移転費は失業等給付の受給資格者などが対象になります。また、ハローワークの紹介で就職先が決まった者が支給の対象ですので、県外などの遠方で自営業を始めた者などは支給の対象にはなりません。

求職活動支援費とは

　求職活動支援費は、「広域求職活動費」「短期訓練受講費」「求職活動関係役務利用費」に分けることができます。これらは、その名のとおり、求職活動を円滑に行うための支援費になります。

① 広域求職活動費

　自分にあった働き口を探すために、県外に行ったりして就職活動を行う者もいます。これらの者は就職活動に相当の交通費がかかります。このような場合に役に立つのが雇用保険の広域求職活動費です。広域求職活動費は、待期期間満了後、または給付制限期間の経過後に広域求職活動を行う場合に支給されます。なお、広域求職活動のため訪問する事業所から広域求職活動のための費用が支給された場合には支給が行われませんが、支給された額が広域求職活動費より少ない場合には差額が支給されます。

　広域求職活動は、雇用保険の失業等給付の受給資格者がハローワークの紹介で、そのハローワークの管轄区域外にある会社などの事業所を訪問したり、面接を受けたり、事業所を見学したりすることです。管轄区域外と認定されるためには、雇用保険を受給しているハローワークから訪問する求人事業所の住所地を管轄するハローワークまでの距離が200km以上あることが必要です。

第２章　失業等給付の法律と手続き

支給される額は、求職者の住所地を管轄するハローワークと訪問事業所の所在地を管轄するハローワークの往復にかかる費用（鉄道運賃、船賃、車賃など）です。上記の距離が400km以上であれば、宿泊費も支給されます。広域求職活動費は、結果的に就職できなかった場合でも、支給を受けることができます。広域求職活動費の支給を受ける場合は、ハローワークの指示を受けた日の翌日から10日以内にハローワークに支給申請書を提出する必要があります。

② 短期訓練受講費

　短期訓練受講費は、受給資格者などが再就職のために必要な教育訓練を受け、修了した場合に、本人が支払った教育訓練費用（入学金や受講料など）の一部が支給される制度です。

　支給額は、教育訓練費用の２割で、上限10万円です。支給申請は、教育訓練を修了した日の翌日から１か月以内に「求職活動支援費（短期訓練受講費）支給申請書」に受給資格者証などを添付して、ハローワークに提出することになります。

③ 求職活動関係役務利用費

　求人者と面接をするために、子の保育サービスを利用する場合があります。そういった場合に、保育サービス費用の本人負担費用の一部を支給する制度が、求職活動関係役務利用費です。

　支給額は、保育等サービス利用のために本人が負担した費用の80％です。１日あたりの支給上限額は6,400円です。また、求人者と面接などを行う場合には15日、職業訓練を受講する場合には60日まで求職活動関係役務利用費の支給対象となります。

　支給申請は、失業の認定を受ける日（高齢者受給資格者等は保育サービスを利用した日の翌日から４か月以内）に「求職活動支援費（求職活動関係役務利用費）支給申請書」に受給資格者証などを添付して、ハローワークに提出します。

18 失業中に働いて収入があったらどうなる

働いた程度によって異なる

失業期間中に働いた場合に注意すべきこととは

　求職活動中の強い味方となる失業給付の基本手当は、失業している
それぞれの日について、失業状態にあると認定されてはじめて受給で
きます。失業保険の受給中は、アルバイトや内職をしてはいけないと
誤解している人がいます。しかし、一定の日数、時間内での勤務であ
り、それをしっかりハローワークに申告すれば、アルバイトや内職は
可能です。では、失業期間中に、アルバイトなどをした場合、給付は
どうなるのでしょうか。

　ハローワークでは、働いた程度によって、「就職」と「短時間就労」
の２種類に分けています。

　就職とは、事業主に雇用され、１日の労働時間が４時間以上である
場合をいいます。なお、契約期間が７日以上であって、週の所定労働
時間が20時間以上、かつ、週の就労日が４日以上の場合には、実際に
就労していない日を含めて就職しているものとして取り扱います。

　一方、短時間就労とは、１日の労働時間が４時間未満の場合をいい
ます。これには、事業主に雇用された場合以外にも、自営業を営むこ
と、自営業の準備、請負・委任による労務提供、内職、ボランティア
活動も含まれます。内職または手伝いをしたことによって収入を得て
いなくても、ハローワークへの申告は必要です。

　また、１年を超えて継続して雇用された場合には、再就職として扱
われ、以降の失業保険は支給されません。

　なお、令和10年10月からは失業認定基準が変更され、労働時間が２
時間以上の場合を就労とし、２時間未満の場合に失業と認定されるこ

第２章　失業等給付の法律と手続き　83

とになります。

就職した場合に基本手当はどうなるのか

　受給期間中に就職をする場合には、その1日の就業時間数が4時間以上の場合には就職したものと扱われ、その日については失業の認定が行われないため、基本手当については不支給になります。不支給となった基本手当については、受給期間内であれば、不支給となった日数分が繰り越されて支給が行われます。なお、就職とは、請負や委任契約による常時の労務の提供や自営業を開始した場合も含まれ、実際に収入があったかどうかは問われません。4時間未満の就業については、自己の労働による収入（短時間就労）として扱われます。

短時間の就業をした場合には、基本手当が全額支給されることもある

　受給期間中に、短時間の就業（内職または手伝いなど）をした場合は、基本手当と内職などの給料の両方を受け取ることができます。しかし、内職などの給料が高額になり一定の金額を超える場合には、基本手当が減額になることや、基本手当の支給が先送りになることがありますので、注意が必要です。

　具体的には、以下のように計算します。

① （収入 － 控除額） ＋ 基本手当日額 ≦ 賃金日額の80％

　この場合には、内職などの収入が少額のため、基本手当は全額支給されます。

② （収入 － 控除額） ＋ 基本手当日額 ＞ 賃金日額の80％

　この場合には、賃金日額の80％を超えた金額が基本手当から減額されます。減額分は、基本手当の支給が先送りにならず、完全に消滅してしまいます。

③ （収入 － 控除額） ≧ 賃金日額の80％

　この場合には、基本手当は全額不支給となります。そして、この分

の手当の支給は、先送りになり、受給期間内であれば後から満額受け取ることができます。計算式の控除額は1,300円前後で毎年8月に改定されます。ちなみに、受給期間中のアルバイトや内職は、「失業状態」にある人が、就職活動の合間に行う家計補助的な労働として認められているものです。そのため、就職活動を積極的にしないで、毎日、内職ばかりしていると、「失業状態にない」とハローワークから判断されるおそれがあります。そうなると失業手当の支給が停止されますので注意が必要です。

なお、令和10年10月より、失業認定基準が2時間未満に変更されることに伴い、収入があったことによる基本手当の減額の規定は廃止になります。

収入の有無も失業認定申告書に記入する

失業の認定を受ける際には、アルバイトなどで収入があったかどうかを含め、求職活動の状況などの必要事項を「失業認定申告書」（67

■ 受給中に収入があった場合 ‥‥‥‥‥‥‥‥‥‥‥‥‥‥

| 1日の労働時間が4時間以上 | ★1

　→ 就業（就労）に該当

　　　→ 基本手当が不支給となる

★1 令和10年10月からは労働時間が4時間→2時間に変更

| 1日の労働時間が4時間未満 | ★1

　→ 内職または手伝いに該当

　　　→ ★2 収入に応じて、基本手当の扱いが異なる

・全額支給
・一部支給
・不支給
※一部でも支給された場合、基本手当日数が減る

★2 基本手当の減額は令和10年10月で廃止

第2章　失業等給付の法律と手続き　85

ページ）に記入してハローワークに提出します。

　失業認定の対象となる４週間のうち、収入のなかった日の分だけ基本手当が支給され、収入のあった日など失業にあたらないと判断された日の分は、支給されないかあるいは減額されます。つまり働いた日数分を差し引いた基本手当が支給されるわけです。

　パートやアルバイトといった形であっても、前述したように契約期間が７日以上であって、週の所定労働時間が20時間以上、かつ、週の就労日が４日以上の場合のような継続勤務の場合は「就職」と判断されることがあります。雇用保険の資格を取得してもしなくても「就職」中は支給されません。また、雇用保険の被保険者資格を取得して勤務している場合は当然に就職の扱いとなります。被保険者資格は一般被保険者資格だけではなく、雇用保険マルチジョブホルダー制度（複数の事業所で勤務する65歳以上の人が、そのうちの２つの事業所での勤務を合計して、一定の要件を満たす場合に雇用保険に加入できる制度）によってマルチ高年齢被保険者資格を取得している人も含みます。

　１日だけ働いたり、不定期に数日働いたりした場合のように、臨時的で単発的な労働であっても就労をした日の分について、基本手当は支給されません。「内職」やちょっとした「手伝い」など、求職活動の妨げとならない程度の労働を行った日は、得た収入の額によって支給の対象とならなかったり、減額されたり、場合によっては全額支給されることもあります。当初は就職するつもりだった人が、自営業を始めたようなとき（１日４時間以上）は、開業準備を始めた日以降が就職したものとみなされるため、基本手当の支給の対象にはなりません。

Q 失業等給付の給付制限期間中にアルバイトをすると、再就職したものとして扱われ、失業手当の受給権が消滅してしまうのでしょうか。

A 正当な理由がない自己都合で退職した場合や、正当な理由がないのにハローワークの職業指導を受けることを拒んだ場合には、失業手当の給付が一定期間制限されます。これを給付制限といいます。失業手当の受給期間中と異なり、給付制限中のアルバイトについては、ハローワークはそれほど厳格な態度をとっていないようです。

そもそも、ハローワークが受給期間中のアルバイトに目を光らせるのは、働きながら、同時に失業手当を受け取るという不正受給を防止するためです。しかし、手当の支給が行われない給付制限中は、そのような不正受給が問題になることはありませんし、失業者の生活の問題もあります。そのため、ハローワークとしてもアルバイトを一切認めないという厳しい対応は取りにくいのです。

短期アルバイトをした方が得なこともある給付制限中のアルバイトをどれくらい認めるかは、ハローワークによって異なります。一番確実なのは、待期期間の7日間が終わった時点で、管轄のハローワークに問い合わせることです。

問い合わせの際には、給付制限中にアルバイトが可能であるかどうか、どれくらいの範囲（月に何日、週に何時間）で可能なのか、どうやって申告するのかをしっかりと確認しましょう。

そして、ハローワークから聞いた条件で勤務できるアルバイトを探します。フルタイムのアルバイトを毎日するのは認められないかもしれませんが、短期アルバイトであれば認められる可能性は高いようです。

●再就職の届けを出しても受給権が消滅しない場合もある

給付制限中にフルタイムのアルバイトを毎日すると、「再就職」したものとして扱われる可能性はあります。

給付制限期間中に再就職してしまうと、失業手当の受給権が消滅してしまうと誤解している人が多いのですが、そうではありません。手当の支給が一時的に中止されるだけです。そのため、1年間の受給期間中に、再就職してすぐに退職すれば、最初の退職時に確定した所定給付日数分の失業手当をそのまま受け取ることができます。このしくみを利用して、給付制限中にずっと長期アルバイトをするのと同様の効果を得ることも可能です。

　まず、待期期間が満了したら、すぐにアルバイトを探して働き始めます。勤務を開始したら、勤め先の会社に採用証明書を発行してもらいます。そして、それをハローワークに提出します。就職により、失業手当の支給は中止されます。その後、本来の給付制限期間が満了する直前まで働いて、その仕事を辞めます。その際に、勤め先から退職証明書（雇用保険の加入者は離職票）をもらい、それをハローワークに提出します。この場合、給付制限期間経過後に当初の失業手当を受給することが認められます。

　このように、失業手当については、給付制限期間中、あるいは給付期間中に就職しても、以前に取得した失業手当の給付日数が直ちに消滅してしまうというしくみにはなっていません。ただし、アルバイトなどの就労をする前に、受給権が存続する場合と消滅する場合について、あらかじめハローワークで確認しておくことは必要だといえるでしょう。

　そして、忘れてはいけない大切なことは、給付制限期間中にアルバイト・パートなどをした場合、初回認定日及び給付制限期間があけた最初の認定日で提出する失業認定申告書に、収入の有無にかかわらず、アルバイト・パートなどをした日等を正確に申告することです。

Q マイナポータルで雇用保険の加入期間を確認したり、離職票を直接受け取れるとのことですが、マイナポータルでは、具体的にどのようなことができるのでしょうか。

A マイナポータルでは、事業主や本人がハローワークで行った申請・届出に基づく雇用保険の情報や、求職者支援制度の情報を確認することができます。マイナポータルで雇用保険の情報等を確認するためには、マイナンバーカードを持っていることと、あらかじめマイナンバーをハローワークに届け出ていることが必要です。

確認できる情報は、雇用保険加入の記録として、資格取得日、資格喪失日、雇用保険加入の事業所名、被保険者番号などがあります。雇用保険の各種給付の記録も確認できます。たとえば、基本手当を受給している場合は、基本手当日額、所定給付日数、残日数、受給額などが確認できます。また、求職者支援制度関係の情報として、職業訓練受講給付金の受給額、受給年月日などを確認することができます。

令和7年1月からは、今まで会社から送られてきた離職票についても、マイナポータルから受け取ることができるようになりました。ただし、だれでもできるわけではなく、一定の条件があります。①マイナンバーが届けられており、被保険者番号と紐付いていること、②離職者本人が、マイナポータルと雇用保険WEBサービスの連携設定を行っていること、③事業主が電子申請で雇用保険の離職手続きを行っていること、が条件です。

事業主が電子申請の手続きを終えると、離職者本人用の公文書(離職票)は離職者のマイナポータルへ交付され、離職者がマイナポータルから直接受け取ることができるようになります。

なお、離職票の他、資格喪失確認通知書、雇用保険被保険者期間等証明票も、マイナポータルを通じて送付されます。

第2章　失業等給付の法律と手続き

Column

育児休業給付と育児時短勤務で新設される２つの制度

育児休業給付については、令和４年10月に出生時育児休業（産後パパ育休）給付や、育児休業を原則２回まで分割取得（給付）できる制度が創設されましたが、育児休業給付に上乗せ給付（給付率13%）される給付金「出生後休業支援給付」が令和７年４月に新たに制度化されました。

出生後休業支援給付を受け取ることができるのは、対象期間（女性は産後休業後８週間以内、男性は子どもの出生後８週間以内）の間に、出生時育児休業給付金または育児休業給付金の支給対象となる休業を14日以上取得している人が対象です。また、配偶者についても、一定の要件を満たす必要がありますが、配偶者が行方不明、ひとり親家庭、配偶者から暴力を受けており別居している、配偶者がフリーランスや自営業者等の場合は、配偶者要件は必要ありません。

出生後休業支援給付金の支給を受けると、出生時育児休業給付金または育児休業給付金の給付率67%に13%の給付が上乗せされ、給付率が合計で80%となるため、手取り賃金の10割程度が受け取れることになります。ただし、出生後休業支援給付の支給額には上限があり、支給期間は最大で28日間になります。

出生後休業支援給付と同時施行されたのが「育児時短就業給付」です。育児時短就業給付は、２歳未満の子どもを養育しながら、時短勤務をしている人が給付の対象です。給付率は、時短勤務をしたことで減額された賃金額の10%になります。

給付率については、休業するよりも時短勤務で、時短勤務をするよりも従前の所定労働時間で勤務することを推進する意味合いから、時短勤務による賃金と育児時間就業給付を合わせた賃金額が従前の賃金額を超えないように調整している形になります。

第3章

職業訓練のしくみと
活用法

1 ハロートレーニングについて知っておこう

各種手当をもらいながら、仕事に必要な知識や技能が習得できる

■ ハロートレーニング（公的職業訓練）とは

　国や地方自治体は、労働者が仕事に必要な知識や技能を習得できるように訓練を実施しています。これがハロートレーニング（公的職業訓練）です。ハロートレーニングには、雇用保険を受給している求職者を対象とする公共職業訓練と、雇用保険を受給していない求職者を対象とする求職者支援訓練という2つの制度があります。ハロートレーニングは、仕事に必要な知識や技能をマスターできるだけではなく、訓練中に手当を受け取れるなどのさまざまなメリットもあります。

　ハロートレーニングは働きたい人であれば、だれでも利用することが可能です。失業中の人だけでなく、キャリアが十分でないため就職先が見つからない人、現在仕事をしているがさらにキャリアアップをめざしたい人、中学・高校新卒者など、状況を問わず利用することができます。

■ どんなメリットがあるのか

　ハロートレーニングのメリットは3つあります。

　1つ目は、就職面でのメリットです。職業訓練を受けると、仕事に役立つ実践的な知識や技能が身につきます。また、修了後に資格を取得できる場合もあります。さらに、プログラム修了後には、訓練施設とハローワークが、就職先をあっせんしてもらえます。

　2つ目は、手当面でのメリットです。公共職業訓練では、訓練延長給付という制度によって、失業手当の支給が訓練修了まで延長されることがあります。また、受講手当（1日500円、上限2万円）を受け

取ることもできます。さらに、職業訓練の受講中は、訓練校に失業手当の受給手続きを代行してもらえるため、失業認定日にハローワークに出かける手間が省けます。求職者支援訓練の場合は、失業手当はありませんが、代わりに一定の条件を充たせば職業訓練受講手当（月額10万円）を受けることが可能です。また、それぞれの訓練では、通所手当（交通機関利用で上限4万2,500円）や寄宿手当（月額1万700円）を受け取ることができます。

3つ目は、精神面でのメリットです。職業訓練を受講すると、共通の目的を持った仲間ができます。それによって失業中の孤独感が軽減され、精神的に楽になります。また、職業訓練を受講すると、就職に必要な知識や技能を身につけている実感が持てるため、前向きな気分になります。

ハロートレーニングには2つの制度がある

ハロートレーニング（公的職業訓練）には、公共職業訓練と求職者支援訓練という2つの制度があります。

公共職業訓練は、雇用保険受給者を対象とした制度です。公共職業訓練で受講できるコースや内容は実施機関によって異なります。公共職業訓練の実施機関は、国、都道府県、都道府県から委託を受けた民間の教育訓練機関等の3つがあります。国は、関連団体である独立行政法人高齢・障害・求職者雇用支援機構（以下、機構と略します）を通じて、ポリテクセンターやポリテクカレッジという職業訓練専門施設などで訓練を実施します。また、機構から委託を受けた民間の専門学校などで訓練が実施される場合もあります。都道府県による訓練は、技術専門校や産業技術短期大学校などの職業訓練施設で行われます。

国や都道府県の実施する訓練は、主に金属加工や自動車整備といった、ものづくり系が中心です。都道府県から委託を受けた民間の教育訓練機関では、事務や介護、IT関連といった分野の訓練が多く行わ

第3章　職業訓練のしくみと活用法　93

れています。訓練期間は、離職者向けの訓練の場合は基本的に３か月から６か月ですが、中には１年間や２年間の訓練もあります。在職者向け訓練の場合、期間は短く、主に２日から５日前後のものが中心です。高校新卒者等を対象とする訓練の期間は長めで、１年間または２年間のものが多くなっています。それぞれ受講にあたっては、選考（筆記試験と面接）が実施されるコースが多いようです。

　求職者支援訓練は雇用保険を受給できない人を対象とした制度で、厚生労働大臣が認定した民間教育訓練機関等で実施します。コース内容は、介護やIT、医療事務などが多いようですが、最近はWeb設計やネイリストなど時代のニーズにあわせた訓練も増えています。訓練期間は２か月から６か月までです。受講にあたっては、書類選考の他、筆記試験、面接などの選考が実施されることがあります。

▌どのように情報収集すればいいのか

　職業訓練に関する情報を集める方法には、ハローワークでの情報収集、機構の都道府県センターでの情報収集、インターネット、訓練施設の見学の４つがあります。

　まず、ハローワークでの情報収集です。ハローワークには、各都道府県の職業能力開発校のすべてのコースについて書かれたパンフレットが置いてありますので、職業能力開発校の情報は、ここから入手します。また、都市部の主要なハローワークでは、機構のスタッフが出張して個別相談を実施していますので、ポリテクセンターの訓練に関する情報は、ここで入手できます。

　次に、機構の都道府県センターでの情報収集です。ポリテクセンターの訓練に関して、ハローワークのパンフレットには最新の情報が掲載されていないことがあります。そのため、ポリテクセンターが実施する訓練の最新情報が欲しい場合は、機構の都道府県センターを訪問し、情報収集するのが確実です。

インターネットによる情報収集については、ハローワークのインターネットサービスを利用すれば、全国で実施されている訓練の情報を入手することができます。ポリテクセンターの実施する訓練について、詳しい情報が知りたい場合は、機構のホームページにアクセスし、そこから各地のポリテクセンターにアクセスすれば情報を入手できます。

最後に、訓練施設の見学です。ほとんどの訓練施設は、募集期間中に見学会を開催しています。パンフレットよりも詳しい情報が欲しい場合には、この見学会に参加するのが確実です。

隣接する都道府県によい講座がある場合も

訓練コースの数は、都道府県によって異なります。東京や大阪など都市部では訓練施設の数が多く、コースの種類も豊富です。地方では、訓練校が1～2か所しかないところもあり、コース選択の幅が狭いのが現状です。そのため、地方に住んでいる人は、地元では興味が持てるコースが見つからないことも多いと思います。職業訓練については、居住地以外の都道府県の訓練校に入校することも可能です。地元で目ぼしいコースが見つからない人は、隣接する都道府県のコースへの参加を検討するとよいでしょう。

どんなコースがあるのか

求職者向けの職業訓練には、3つのコースに大別できます。

1つ目がポリテクセンターで実施される「離職者訓練」です。このコースは求職者が早期に再就職できるように基礎的なものから応用性を加味した技能・知識の習得をめざします。標準6か月のコースです。また、受講者が自己の適性や職業経験等を踏まえて訓練終了後の職業生活設計を行えるようにキャリア・コンサルティングを実施しています。

2つ目は「日本版デュアルシステム（短期課程活用型）」です。ポリテクセンターやポリテクカレッジの座学や実習と企業での職場実習

第3章　職業訓練のしくみと活用法　**95**

を組み合わせた職業訓練です。訓練機関は6か月から1年以内のものが多く、現場の技能・技術を身につけることを目的としています。

3つ目は標準6か月の職業訓練の前に行う「橋渡し訓練」です。約1か月程度の訓練でコミュニケーション能力やビジネスマナーなどを習得することができます。

■ どんなコースが狙い目なのか

コースを選択する際には、興味が持てるコースの中から、競争率が低く、就職率はある程度高いコースを狙うのが基本です。

競争率（応募倍率）は、パンフレットを見るか、訓練施設に直接問い合わせて調べます。就職率も競争率と同じ方法で調べることができます。人気コースは就職率もよいというわけでありませんので、その点に注意しましょう。都心から離れた、交通の便がよくないところは、あまり人気がなく、応募倍率が低いので狙い目です。また、公表されている応募倍率が高いところをあえて狙うというテクニックもあります。前回の応募倍率が高いところは、みんなが応募を控えるため、倍率が大きく下がる可能性があるからです。

■ 入所選考について

ハロートレーニングを受ける際に、入所選考が必要になる場合があります。具体的には、職業能力開発校や、訓練期間が6か月以上のポリテクの離職者訓練では、筆記試験と面接が実施されることが多いようです。一方、民間委託された訓練コースのうち、訓練期間が短いものは書類選考だけのものがほとんどです。

職業能力開発校やポリテクの離職者訓練では、筆記試験の科目は、中学卒業程度の数学と国語であることがほとんどです。

筆記試験は、授業についていくのに最低限必要な学力があるかをチェックするためのもので、選考における重要性は面接ほど高くあり

ません。

　面接では、熱意を示すことが大切です。その意味では、普段着ではなく、スーツやネクタイを着用して臨むのが基本です。また、面接で上手に受け答えできるようにしっかりとしたキャリアプランを用意しましょう。志望動機があいまいであったり、学習意欲や就職への意欲が低いと評価されたりすると、求職者給付の延長や職業訓練受講給付金が目的であると見られてしまいますので注意しましょう。

　選考では、筆記試験や面接による評価以外にも合否を左右するポイントがあります。たとえば、年齢、退職理由がそうです。具体的には、若者よりも中高年の方が、自己都合退職よりもリストラなどの非自発的退職の方が有利です。また、それまでの経験やスキルも合否を左右するポイントです。具体的には、そのままの状態では就職が難しいものの、訓練を受ければ就職の可能性が大幅に高まる人は、合格の可能性が高いようです。

■ ハロートレーニング受講の流れ

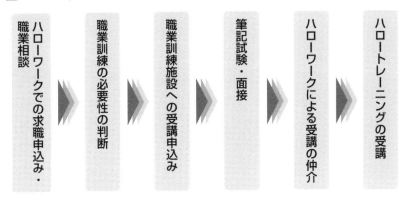

第3章　職業訓練のしくみと活用法

2 いろんなコースがある

費用面でメリットの大きいコースもある

どんなコースがあるのか

　最近の職業訓練校の特徴として、時代に合わせたIT（情報技術）やOAなどのコースが充実している事が挙げられます。

　従来の職業訓練校では就職率が高いという理由から、機械整備や金属加工、電気設備・通信などの分野が大半を占めていましたが、最近では、生産性を上げるために事務作業にもパソコンなどによる情報処理が欠かせないという現状があり、企業のニーズに対応する形で、情報技術や情報処理に関しても幅広いジャンルのコースがあります。

Uターン・Iターンのコースもねらい目

　仕事の多い都市部で就職活動をしている人も多いと思いますが、職業訓練については地方の職業訓練校に入校するという手もあります。Uターン訓練・Iターン訓練と呼ばれる方法です。地方出身者が都市部で就職し、離職後に出身地で職業訓練を受けることをUターン訓練といいます。また、都市部の出身者が都市部で離職後、地方で職業訓練を受けることをIターン訓練といいます。

　実家を離れて都市部で生活している人の場合は、実家から訓練校に通えるのであれば、費用の面でかなり有利になりますし、都市部の出身者であっても、よりよい条件を求めて全国を対象に訓練校を選択することが可能になります。

　費用の面だけではなく、マイカー通学が可能であったり校舎の立地が便利であったり、新築の校舎で快適に訓練できたりと、自分が重要視するさまざまなポイントから選択することが可能になります。また、

都会では入りにくい人気のコースであっても地方の訓練校であれば比較的楽に入れることもありますし、第二種電気工事士のように、指定校なら国家試験が免除されますので、そのようなコースを全国から選ぶのもよい方法です。

応募資格について

　ハロートレーニングは働こうとしている人であれば、すべての人に応募資格があります。仕事を探している人だけでなく、現在仕事をしている人も対象です。公共職業訓練では、ハローワークで職業訓練が必要と認定されれば、雇用保険の基本手当を受給しながら訓練を行うことが可能です。訓練延長給付という制度がありますので、残りの支給期間が短い場合でも訓練期間中は基本手当の支給が延長される場合があります。求職者支援訓練では、職業訓練受講給付金を毎月10万円を受け取ることができます。

訓練は厳しいのか

　一般の専門学校と職業訓練校との間にそれほど大きな違いはありません。当然、技術系のコースを選択していれば、通常の授業の他に各種の機械、機器などを使用した実習も多くなりますが、その様子を見学すれば、専門学校や一般的なスクールと同じような印象を受ける人がほとんどではないでしょうか。また、一般の専門学校と同じく土曜日と日曜日は休みになりますが、1年以上の長期コースでは、夏休みと冬休みがあり、2年のコースでは春休みもあります。6か月のコースでも、夏休みか冬休みがありますので、ある程度ゆったりとした時間を過ごすことが可能といえるでしょう。

学費について

　離職者を対象としたハロートレーニングは公的な制度であるため、

第3章　職業訓練のしくみと活用法　99

基本的に受講料は無料です。ただし、テキスト代等は自己負担です。テキスト代は訓練の内容によっても異なりますが、だいたい1万円前後のコースが多いようです。

　在職者や学卒者を対象とした訓練は有料です。在職者向けの訓練では、受講料として1万円前後かかるコースが多いようです。高校新卒者等を対象とした訓練の場合、比較的費用が高くなる工業系のコースでは、初年度に10万円程度かかる訓練校が多いようです。機械や建築の長期コースを選択する場合は、教材費の他に作業服を購入したり、検定費用なども必要となるからです。一般の専門学校などに比べれば、その費用はトータルで見ても随分と少ない金額で納まりますが、入学時に一括で支払いをする場合もありますので、費用の負担が厳しい場合には分割での支払いが可能であるかなどを事前に確認しておきましょう。工業系に比べて事務系のコースを選択した場合は安く納まります。教材費としてだいたい3万円程度を見積もっておけばよいでしょう。

▌何を選ぶか、大切なのは目のつけどころ

　訓練のコースを選ぶ行為はそれが今後の自身の職業を決める行為と同じことですので、慎重に考えて選択する必要があります。

　就職率が極めて厳しい最近の社会状況では、コースを選ぶ際に就職率がとても重要視されています。もちろん職業訓練校に通う最終目的は就職することですから、修了後に就職できなければ意味がありません。しかし、人には適性というものがあり、向き不向きがあります。就職率が高いということだけで、無理に興味が持てない訓練コースを選び、何とか就職したとしても、やはり自分には不向きだったと後になって気づき、仕事を辞めることになっては訓練校で苦労して身につけた技術や技能がムダになってしまいます。まず、コースを選ぶ際には、自分の適性についても考慮しておきたいところです。訓練によっては、訓練前にキャリアコンサルティングを受けられるものがありま

す。キャリアコンサルティングとは、ハローワークの委託を受けたキャリアコンサルタントが、その人の職務経歴や職業能力などを整理して、職業適性についての理解を促します。そして、職業訓練のコース選択やキャリア形成の方向付け、訓練の効果的活用、訓練修了後の早期就職に役立てるよう、ジョブ・カードを活用したコンサルティングを行います。

　また、コースの選び方によっては、訓練期間についても考えるべきです。前職での経験を活かし、新たな技術を身につけたいと考えるなら３か月の短期コースで十分な場合もあるでしょう。逆に前職が自分に向いていないと感じていたのであれば、新しいスキルを習得するのがよいでしょう。その場合は選択する技術、技能によっては６か月から１年以上の訓練が必要なコースを選択する必要も出てくるでしょう。

　このように自分の職業適性でコースの選び方も変わってきます。また、年齢を考慮してコースを選ぶ場合に注意が必要なのは応募制限についてです。若年者向けのコースには年齢制限がありますが、対象年齢を超えていたら絶対に受講できないわけでもありません。年齢制限についてはおおむねの表記になっている場合が多いので、どうしても受講したいコースがあれば、訓練校に確認してみる価値はあります。

倍率や修了率、サポート体制などで選ぶ

　せっかく就職率が高い人気のコースを選択しながら、訓練内容が思ったより難しかったり、事前に思っていたイメージと違うという理由から、修了率がとても低いコースも存在します。そこで、コースの修了率を一応把握した上で、内容を確認したり実際に見学してみるのもよいでしょう。

　求人倍率も参考にするべきポイントです。訓練を修了したからと言って、自動的にスクール側が就職先を見つけてくれるわけではありません。求職活動には地元のハローワークからの求人情報が頼りにな

第3章　職業訓練のしくみと活用法　**101**

るわけですが、訓練校によっては求人件数に大きく違いがあることがあります。その場合は当然求人情報が多く集まる訓練校の方が有利です。また、就職するためのノウハウとして、面接の受け方や履歴書の書き方などを指導しているところもありますので、サポート体制についてもチェックしておくとよいでしょう。

無試験コースもまれにある

通常であれば学科と実技からなる国家試験に合格してはじめて取得できる資格を、卒業者全員に無試験で与えるコースもあります。経済産業大臣が資格者養成校に指定している訓練校のコースが対象ですが、第二種電気工事士や技能士補などにも、指定校として認められているコースがあります。

コースの修了者は国が指定した養成コースの修了者ですから、資格者に必要とされる技能や知識が身についているものとみなされるわけです。にわかに信じられないような好条件ですが、うれしいのは無試験だけではなく、授業料の面でも有利な点があることです。たとえば第二種電気工事士の場合、一般のスクールで通常のコースを選択すると、年間100万円近く授業料がかかることがありますが、指定校のコースであれば年間の授業料は10万円程度ですむことがあります。

電気関係で長期（1年以上）のコースであれば一般のスクールでも指定校になっている場合も少なくありません。そのため、技術系の資格取得を考えている方だけではなく、資格に対して費用対効果を重視している方にも、一度は検討してみたいコースです。

通いやすさや寄宿舎の有無などをチェックする

通学にかかる負担などもぜひ事前にチェックしておきたいポイントです。職業訓練校の中には、交通の便の悪いところに立地しているスクールも少なくありません。その場合は、解決手段が用意されている

かどうかを一つひとつ確認します。たとえば学校施設が駅から離れた場所にあり、バスなどの公共交通機関が少なくても、マイカー通学が許可されているのであれば、問題が解決する人もいるでしょう。

また、自転車で通える距離であれば問題ないという人もいます。これは自分が現在、居住している場所により異なりますが、訓練校が寄宿舎を用意している場合は、そこを利用すれば問題が解決することも考えられます。環境のよいところで通学時間や生活費に煩わされず、訓練に集中できるのはとても魅力的です。

このように、訓練校に通うために住む場所を変えることも検討できるのであれば、これは交通の便以上に有利な点が多くあります。条件のよいところは人気があるので必ず入居できるとは限りませんが、経済性、利便性を求めるのであれば事前に入居状況を確認してみる価値はあります。月に3万円程度の費用ですむところもありますので、自分でアパートを契約して生活する場合と比べてみるとかかる費用はとても少なくなります。

■ Uターン訓練とIターン訓練

合格するために最低限知っておきたいこと

選考基準をしっかり押さえて、効率のよい試験対策を立てる

志望コースを選ぶ

　訓練延長給付をもらいながら訓練を受講するには、なるべく早い段階で志望コースを絞り込み、計画的に応募することが重要になります。訓練の応募については、基本的に併願が禁止されているため、いきあたりばったりで複数のコースを応募しているとその間に受給資格が切れてしまうおそれもあるので注意しなければなりません。

　コースを選ぶ際には、自分の興味が持てるコースの中で、比較的、競争率が低く、就職率が高いコースを探すのが基本です。

　また、訓練延長給付を受ける場合には、申込先に気をつけてください。ハローワークを経由せず、直接、訓練校に出願すると延長給付が受けられなくなります。地元以外の訓練校を志望する場合には、遠隔地の訓練施設から申込書類を取り寄せて、それを地元のハローワークに提出して申し込みます。

　日本版デュアルシステムなどの若年者向けのコースに応募する際には、ジョブカード（職業能力証明シート・職務経歴シート・キャリア・プランシートなどの就職活動に役立てる書類のこと）の提出も必要です。ジョブカードの発行には、事前にハローワークなどでキャリアコンサルティングを受ける必要があるので、この時間も計算に入れて、応募スケジュールを立てることになります。

見学会は出席する

　最近ではどこの訓練施設でも募集期間中に何回か集団見学会を実施しています。それにはできるだけ参加するようにしましょう。面接で、

見学会への参加の有無を問われることも多いようです。

また、見学会に参加していない人は、漠然としたイメージだけで科目を選んでしまう傾向があります。それでは面接で、志望動機を聞かれた時に、説得力のある受け答えができないでしょう。その意味で、見学会に参加して、自分の志望する訓練施設のイメージをしっかりつかんでおくことが重要です。

選考基準はどうなっているのか

効率のよい試験対策を立てるためには、合否の基準を押さえることが重要です。具体的には、筆記試験の点数や面接での評価が合否にどれくらい影響するかを知っておく必要があります。また、面接官が合否を決める基準について知っておくことも重要です。筆記試験は、授業についていけるかをチェックするためのものです。高得点を取るに越したことはありませんが、最低ラインに到達すれば十分です。一方、面接は合否を左右する勝負どころです。

面接官が合否を決める基準は、その人が就職するために訓練が必要かどうかと、訓練を受ければ就職の可能性が高まるかの2点です。この基準に従うと、すでに知識や技能を持っていて、訓練を受けなくても、すぐに就職できる人は合格が難しくなります。

反対に、「現状では仕事に必要な知識やスキルが不足しているため就職が難しいものの、その点を訓練で補えば就職の可能性が高まる」と面接官に判断してもらえれば、有利になります。

面接の心構えとしては、企業の採用面接と同じ意識で臨みます。そして、訓練後の就職を視野に入れた現実的な計画を用意します。具体的には、訓練で身につけた知識や技能を活かして、将来どのような職に就きたいかを筋道立てて説明できるようにしておきます。また、熱意を示すことも重要です。

第3章　職業訓練のしくみと活用法　**105**

4 訓練延長給付と受講時の注意点について知っておこう

訓練延長給付の内容や、利用方法を理解することが大切である

訓練延長給付とはどんな制度なのか

　失業中の人が、公共職業訓練（ハロートレーニング）などを受け、知識や技能を習得すると、就職の可能性が高まるだけでなく、今後の失業にも備えることができます。その意味で、労働者の知識や技能が高まることは、失業手当を支払う国にとっては望ましいことです。そのため、労働者が、職業訓練に専念できるように、失業手当の支給を継続する訓練延長給付という制度が用意されています。この制度を利用すると、失業手当の所定給付日数が一定数残っているうちに、訓練の受講を開始すると、訓練が終わるまで手当の支給が延長されます。

　この制度を活用すれば、失業手当の所定給付日数が短い人でも、給付日数を増やすことが可能です。たとえば、所定の給付日数が90日の人（給付制限なし）が、6か月の職業訓練を受講した場合、この制度を活用すると、最長で270日分の失業手当を受け取れる計算になります。

　訓練延長給付は、①訓練を受けるための待期期間（最長90日）、②訓練の受講期間（最長2年）、③訓練後の再就職活動中の期間（最長30日）の3つの期間で利用できます。

　ただし、次ページ図のように給付制限や所定給付日数によって違いはあるものの、原則として、所定給付日数の3分の2の日数分の支給を受け終わるまでに訓練を開始しないと、延長給付を受けられません。たとえば、所定給付日数が180日以上の人は、所定給付日数の61日以上の支給残日数がなければなりません。

　このような制限があるのは、失業手当を延長するためだけに、受給資格が切れる間際になって、訓練を受講するような「制度の悪用」を

防止するためです。

どのように利用すればよいのか

　訓練延長給付を利用するには、ハローワークの受講指示が必要です。受講指示を受けるには、失業手当の受給手続きをしているハローワークで申し込みます。申込みを受けたハローワークは、職業訓練を受けることで就職が容易になると判断すれば、受講指示を出します。訓練延長給付は所定給付日数分の失業手当を使い切った後では受給できませんので、コースの募集期間や開講時期をチェックして、失業手当の受給資格のあるうちに入校できるコースを探すことになります。

　とはいえ、最近は、どのコースも競争率が高く、選考を突破するのに時間がかかり、受講開始日までに所定給付日数分の手当を使い切ってしまう可能性もあります。その場合には、訓練延長給付を利用するのではなく、後述する求職者支援制度の職業訓練受講給付金の支給を受けられる場合があるため、支給要件に該当するかどうかを確認してみるとよいでしょう。

受講指示がもらえない場合もある

　訓練延長給付を受けるには、ハローワークに受講指示の申込みをする必要があります。しかし、手続きをすれば必ず受講指示がもらえる

■ 訓練を受講するために必要な支給残日数 ………………………

所定給付日数	90日	120日	150日	180日	210日	240日	270日	300日	330日	360日
訓練開始日での支給残日数（給付制限なし）	1日	1日	31日	61日	71日	91日	121日	151日	181日	211日
訓練開始日での支給残日数（給付制限あり）	31日	41日	51日	61日	71日	91日	121日	151日	181日	211日

第3章　職業訓練のしくみと活用法　107

わけではありません。

　申込みを受けたハローワークの担当者は、その人が現状では就職できる可能性が低いものの、訓練を受ければ就職できる可能性が高まると判断した場合に受講指示を出します。

　そもそも、公共職業訓練は、そのままでは就職が難しい人に対して訓練を行うことで就職を支援する制度です。ハローワークの担当者は、この制度の趣旨に沿って、受講指示を出すか否かを判断するわけです。したがって、延長給付のみを目的とした申込みや、給付制限の解除のみを目的とした申込みのように、制度の趣旨に反するものについては受講指示が出ません。

その他、細かいルールを知っておかないといけない

　職業訓練の応募にあたって、知っておきたいルールが他にもあります。まず、応募に関するものです。訓練開始時までに退職することが確定していれば、退職前でも訓練に応募できるというルールがあります（一部例外あり）。このルールを活用すると、雇用保険の受給権が確定した後、すぐに訓練開始することが可能になり、給付制限期間を短縮できます。また訓練の申込みについては、併願が禁止されるというルールもあります。さらに、1つの訓練を修了（または途中退校）してから、1年経たないと新たな訓練を受講できないというルールもあります。このルールがある結果、失業手当をもらいながら訓練を受けられるチャンスは、一度の失業で1回だけということになります。

　訓練受講中のアルバイトに関するものもあります。手当を受給しながら受講している人がアルバイトをした場合には、働いた日の手当は不支給となり、先送りになります。ただし、1日4時間未満の勤務だと、手当が減額または全額支給される場合もあります。

　失業の認定については、訓練実施期間の長の証明を受けた「公共職業訓練等受講証明書」を所定の認定日に提出して行います。通常の失

業の認定は4週間に1回、指定された認定日にハローワークに出向き、前回の認定日から今回の認定日の前日までの28日分について行われますが、公共職業訓練等を受ける人に対する失業の認定については、1か月に1回、前月1月分についての失業の認定を受けることになります。

　なお、職業訓練施設に入所中の人については、訓練施設の長または職員を代理人として失業の認定を受けることができることで、職業訓練の妨げにならないように配慮されています。最後は、選考に関するものです。これには、自己都合退職者よりも会社都合退職者の方が優先されるというルールや、他県からの応募者よりも地元在住者の方が優先されるというルールがあります。

■ 職業訓練の応募の際に気をつけること ……………………………

職業訓練の併願	職業訓練の併願は原則として不可。 ただし、地元のハローワークで確認してもらうことが必要。
訓練開始日に 退職していること	職業訓練を受講するためには訓練開始日に退職していることが必要。つまり退職前であっても応募することはできる。
会社都合退職者の 優先	退職理由も選考要素のひとつ。自己都合退職よりも、解雇・倒産など会社都合退職の方が優先される可能性あり。
アルバイト	訓練受講中にアルバイトをした日は失業手当は不支給となる。
過去1年間に 受講していないこと	過去1年間に公共職業訓練を受講している場合には原則として受講できない。
地元者優先の可能性	その職業訓練校の地元の人が優先される可能性はある。 ただし、都市部の職業訓練校では出身地の有利・不利はあまり関係がない。

第3章　職業訓練のしくみと活用法　**109**

5 求職者支援制度について知っておこう

雇用保険を受給できない人を対象とした支援制度がある

どんな制度なのか

　ハロートレーニングには、雇用保険の受給資格がない人を対象とした制度があります。これが求職者支援訓練です。求職者支援訓練では、公共職業訓練のように失業手当を受けながら訓練を受講することはできません。ただ、訓練期間中に収入がまったくないと生活が苦しくなり、職業訓練に専念できない可能性があります。これでは、職業訓練を通じてスキルアップや早期就職をめざすというハロートレーニングの目的を果たすことはできません。

　そこで、求職者支援訓練の受講者を対象に、求職者支援制度があります。この制度を利用すれば、訓練期間中に収入のない人でも職業訓練受講給付金として職業訓練受講手当（月額10万円）を受け取ることができます。たとえば、6か月の職業訓練を受講した場合、合計で60万円を受け取ることが可能です。また、通所手当（訓練施設へ通所する場合の定期乗車券などの額）として月上限42,500円まで、寄宿手当（訓練施設へ通所するために、同居の配偶者や子、および父母と別居して、訓練施設に付属する宿泊施設などに寄宿する場合）として月10,700円が支給されます。

　ただし、求職者支援訓練を受講するすべての人に対して、職業訓練受講手当が支給されるわけではありません。支給の対象となるのは、次の4つの要件を充たす特定求職者だけです。

① 　ハローワークに求職の申込みをしていること

② 　雇用保険被保険者や雇用保険受給資格者でないこと

③ 　労働の意思と能力があること

④ 職業訓練などの支援の必要があるとハローワークが認めたこと

また、特定求職者になったとしても、次の支給要件をすべて充たさないと職業訓練受講給付金の支給を受けることはできません。

ⓐ 本人収入が月8万円以下

ⓑ 世帯全体の収入が月30万円以下

ⓒ 世帯全体の金融資産が300万円以下

ⓓ 現在住んでいるところ以外に土地・建物を所有していない

ⓔ すべての訓練実施日に出席している（やむを得ない理由がある場合でも、支給単位期間ごとに8割以上の出席率がある）

ⓕ 世帯の中に同時にこの給付金を受給して訓練を受けている人がいない

ⓖ 過去3年以内に、偽りその他不正の行為により、特定の給付金の支給を受けたことがない

ⓗ 過去6年以内に、職業訓練受講給付金の支給を受けていない

求職者支援制度は早期就職をめざす人が、安定して職業訓練や求職活動を行うための制度です。そのため、訓練を遅刻・欠席したり、ハローワークの就職支援を拒否したりすると給付を受け取ることができなくなります。場合によっては、訓練の受講ができなくなったり、受け取った手当の返金命令が行われる場合もあるので注意しましょう。

どのように利用すればよいか

求職者支援制度を利用するには、ハローワークの支援指示を受けなければなりません。支援指示を受けるには、ハローワークで職業訓練の申込みと同時に事前審査の申請をしなければなりません。職業訓練受講手当の支給を受けるには、事前審査に合格した後も、毎月ハローワークで、月ごとの支給申請を行う必要があります。支給申請を怠ると給付が受けられなくなるので注意しましょう。

第3章 職業訓練のしくみと活用法 **111**

6 職業訓練を行っている機関について知っておこう

国・都道府県での実施の他に民間に委託されているものもある

主な組織をおさえよう

　ハロートレーニングを運営しているのは各都道府県と国です。各都道府県は、技術専門校、産業技術短期大学校という職業訓練施設で職業訓練を実施しています。一方、国（厚生労働省）は、関連団体である独立行政法人高齢・障害・求職者雇用支援機構（機構）を通じて、ポリテクセンターやポリテクカレッジという職業訓練施設を運営し、訓練を実施しています。

　技術専門校は、各都道府県に1つ以上設置されており、工業系のコースが多いことと、新卒者や若年者向けに1、2年の長期コースがあることが特徴です。

　各都道府県が運営する産業技術短期大学校は、工業系の技術者を養成する教育訓練機関です。高校新卒者を対象にした2年制コース（学費有料）がメインですが、離職者向けの短期訓練（学費無料）を実施していることがあります。

　機構が運営するポリテクセンターは、職業能力開発促進センターが正式名称です。東京を除くすべての都道府県に1か所以上設置されています。ここでは、離職者訓練と呼ばれる訓練（標準6か月）が実施されています。カリキュラムは、工業系や建築系が多く、技術専門校とそれほど変わりません。

　ポリテクカレッジは、職業能力開発（短期）大学校が正式名称です。新規高卒者を対象にしたコース（学費有料）がメインですが、離職者向けに職業訓練（6か月離職者訓練、学費無料）を実施していることがまれにあります。また日本版デュアルシステムというキャリアのな

い若年者を対象とした訓練もここで行われる場合があります。

民間の学校が利用できる場合もある

　都道府県や機構は、民間の専門学校、大学、大学院などに職業訓練を委託しており、委託訓練と呼ばれています。専門学校で行われる委託訓練は、オフィスワーカー向けのコースが多いのが特徴です。その中では、パソコンに関する知識、技能を習得するコースがかなりのウエイトを占めています。また、最近では、グローバル人材育成科、トラベルビジネス科、メイク・ネイル・エステ科などの魅力的なコースも増えています。訓練期間は、おおむね３か月と短期間のコースが多いですが、委託訓練の中には長期高度人材育成コースなど、２年の期間をかけて国家資格の取得や専門スキルを習得し、正社員として就職することをめざすコースもあります。専門学校で行われる委託訓練の最大のメリットは、コースがたくさんあるため、受講できるチャンスが多いことです。また、書類選考だけで合否が決まるコースが多いのも魅力です。大学や大学院で行われる職業訓練は、保育士・調理師・栄養士養成科や経理・財務事務科など、他の委託訓練に比べて目立った特徴のないものも多いようですが、大学で行われる職業訓練ということもあり、信頼感や安心感が大きいことがメリットといえるでしょう。

その他こんな場所もある

　NPO法人、地域職業訓練センター、一般の事業所も職業訓練の委託先に指定されています。NPO法人で行われている委託訓練は、障害を持っている人向けのものが主流となっており、知識・技能習得訓練コースや、障害者向け日本版デュアルシステムなどさまざまなコースがあります。一般の事業所が委託先になる訓練もあります。求人セット型訓練と呼ばれるものです。過去には、システムエンジニア、司法書士スタッフ、Webクリエイター、塾講師などの職種で実施さ

第3章　職業訓練のしくみと活用法　113

れています。現在は、東京都の事例では、企業内保育求人セット型訓練として、訓練期間中は企業主導型保育施設（企業が設置している保育施設）の保育サービスを無料で利用できるものなどがあります。この訓練の特徴は、OJTをメインにしていることです。

　また、一定時間の講義も事業所で行われます。この訓練は、就職につながりやすいことが最大のメリットです。3か月程度の実習の間に、委託先に気に入ってもらえれば、修了後に正社員として採用されることが前提になっているからです。ただ、訓練期間中は、給料は支払われず、失業手当を受け取れるのみとなっています。

委託訓練のしくみ

　委託訓練のしくみは、国や都道府県から依頼（委託）を受けた民間の学校やNPO法人、事業所などが国に代わって職業訓練を実施するというものです。この委託訓練の中には、前述した求人セット型訓練のように、職場で実際に働きながら知識、技能を学べるしくみのものもあります。

　また、認定実習併用職業訓練（実践型人材養成システム）として、専門学校が行う委託訓練と企業内等での実習（OJT）を組み合わせた実践的訓練もあります。訓練対象者は15歳以上45歳未満ですが、主に新規学卒者の人を対象としています。認定実習併用職業訓練は、若年者向けのデュアル訓練のラインナップのひとつとして実施されることが多いようです。

就職につながりやすい日本版デュアルシステム

　委託訓練の一種として、最近注目されているのが日本版デュアルシステムです。この制度は、就業意欲が低くなりがちなフリーターやニートの就業対策のために導入されたもので、ドイツの若年者向け職業訓練制度を参考にしています。対象者は主に若年者ですが、おおむ

114

ね55歳未満までを対象としています。訓練施設で理論を身につけた後で、職場実習を行うしくみになっている点では、認定実習併用職業訓練と同じです。ただし、違いが１つあります。それは、就労型実習（有期パート就労）期間といって、現場のスタッフとして給料をもらいながら働く期間が含まれていることです。

　日本版デュアルシステムのメリットは、他の訓練と比較して就職につながりやすいことです。修了後に訓練生と事業双方が納得すれば、そのまま正社員として就職できるしくみになっているからです。日本版デュアルシステムを実施しているのは、機構から委託を受けた専門学校、ポリテクカレッジ、ポリテクセンター、技術専門校です。日本版デュアルシステムには２年コースと６か月コースがありますが、訓練の実施先によってはそれ以外の期間を定めているものもあります。

　ポリテクカレッジで行われている専門課程活用型日本版デュアルシステムは、訓練期間が主に２年です。年間約40万円の授業料がかかりますが、訓練施設で知識、技能を一通り取得した後、就労型実習を経て、現場のスタッフとして給料をもらいながら働くことができます。詳細については、デュアルシステムを実施しているポリテクカレッジなどに問い合わせてみるのがよいでしょう。

■ 国・都道府県が運営する職業訓練施設

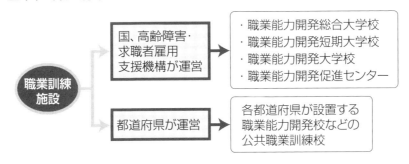

第３章　職業訓練のしくみと活用法

Column

会社都合の休業では雇用調整助成金を活用できる

　不況などにより資金繰りが悪化した場合や営業（生産）ができない場合のように会社都合で従業員に休んでもらうと、給与をもらえるはずの従業員にとっては不利益が大きいものとなります。そのため労働基準法では会社都合で従業員を休業させた場合、休業手当として平均賃金（直近3か月分の給与総額をその暦日数で割って計算した1日あたりの賃金）の6割以上を支払うことを定めています。

　しかし、景気の悪化や地域的な災害で売上が回復しない中で休業手当を支払い続けることは会社にとっても負担が大きいです。また、負担の大きさから解雇が多発すると失業者が多くなり、雇用環境が悪化してしまいます。そのため、一定の要件を満たした会社が、従業員に休業手当を支払い、雇用維持をすることで、後から休業手当の一部を助成してもらえる制度があります。それが雇用調整助成金です。雇用調整助成金は、要件や手続きが詳細に決まっており、中小企業などが申請することは難しいと言われています。そのため、東日本大震災や新型コロナウイルスの感染拡大によって多数の中小企業が影響を受けているようなときには、要件や手続きを緩和して受給しやすい措置がとられます。

　近年では、新型コロナウイルスの感染拡大によって全国規模で影響を受ける会社が相次いだため、令和2年4月から令和5年3月末までの期間、大幅な要件緩和や手続きの簡素化が行われ、中小企業によっては支払った休業手当の全額が雇用調整助成金で補填されるという状況にもなりました。

　このようなことからも、会社はまず雇用調整助成金を活用し、休業させた従業員の休業手当の支払を行うべきと考えられています。また、令和6年4月からは、教育訓練実施率による助成率と教育訓練加算額の見直しが行われ、休業より教育訓練実施による雇用調整が選択しやすくなっています。

第4章

雇用以外の
働き方についての
法律知識

1 労働者派遣とはどのようなものなのか

三者が関わる契約である

派遣社員、派遣元、派遣先の三面関係となる

　派遣会社に雇用されている派遣労働者は派遣先で働くことになります。

　正社員やパート・アルバイトとして働く場合は、労働者と雇用主である会社の間で直接雇用契約が結ばれます。これに対し、派遣社員（派遣労働者）として働く場合、労働者と雇用主だけではなく、派遣社員と派遣会社（派遣元）、派遣先が関わります。このような雇用形態を労働者派遣といいます。労働者派遣は、労働者と雇用主の一対一の関係と異なり、労働者である派遣社員を雇用している派遣会社と、派遣社員が実際に派遣されて働く現場となる派遣先の三者が関わる雇用形態です。労働者派遣は三者が関わるため、直接雇用と比べると少し複雑な雇用関係になります。

　正社員やパート・アルバイトの場合は、これらの労働者が雇用主に労働力を提供し、労働力に対する対価である賃金を雇用主が支払う労働契約（雇用契約）を結びます。派遣社員の場合は、派遣会社と派遣社員の間で雇用契約が結ばれますが、派遣社員が労働力を提供する相手は派遣先です。派遣先は、派遣社員に対して業務に関連した指揮や命令を出します。派遣社員の賃金は派遣会社が支払います。

　なお、派遣会社と派遣先の間では、派遣会社が派遣先に対して労働者を派遣することを約束した労働者派遣契約が結ばれます。

三者の関係にはメリット・デメリットがある

　労働者派遣では、派遣社員が実際に働く場所は派遣先企業ですが、派遣先企業と派遣社員の間には雇用関係はありません。派遣社員と実

118

際に雇用関係があるのは派遣元企業です。派遣社員の業務についての指示や命令をするのは派遣先企業であっても、雇用条件などについて、派遣先企業と派遣社員が直接交渉するようなことはありません。

労働者派遣では、三者それぞれにメリットとデメリットがあります。派遣社員は、自分のやりたい仕事をすることができますし、ライフスタイルにあわせた働き方をすることもできます。また、1つの企業にとらわれなくてもよい点もメリットだといえます。派遣先企業としては、必要な技術を身につけた人を即戦力として使うことができる他、ある期間だけ多くの労働力が必要な場合などに、ムダなく労働力を得ることができます。

総務省統計局が行った「労働力調査」令和6年（2024年）8月分によれば、役員を除く雇用者数5786万人のうち、非正規労働者数は2127万人にのぼります。このうち派遣社員数は148万人です。とくに女性の非正規労働者が増えており、その理由として「自分の都合の良い時間に働きたい」が最も多くなっています。労働者派遣のニーズはライフスタイルの多様化に伴って、さらに増えていく可能性があります。派遣元企業にも、企業が求める労働力とスタッフが求める仕事や技量をマッチさせることで業績アップにつながるというメリットがあるのです。

■ **労働者派遣とは**

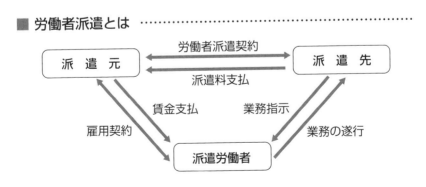

2 派遣期間の原則と例外について知っておこう

個人単位と事業所単位の派遣期間制限がある

1か所で働くことができる期間は3年まで

労働者派遣法は「個人単位」と「事業所単位」での派遣期間を制限する制度を設けています。違反をした場合は、罰則が設けられています。

個人単位での期間制限とは、同じ組織（部や課など）で、同じ派遣労働者を継続して3年を超えて働かせてはいけない、ということです。派遣先が派遣労働者の働きぶりを評価し、継続勤務を希望する場合は、3年目以降は派遣元を通さず直接の雇用に切り替える、違う組織（部や課）へ異動しての派遣に変更する、無期雇用派遣に変更するなどの措置が必要です。

事業所単位での期間制限とは、派遣先の同じ事業所（場所が同じなど）で、派遣労働者を継続して3年を超えて働かせてはいけない、ということです。同じ事業所での派遣労働者の受入れを希望する場合は、リミットである3年を迎える1か月前までに過半数労働組合等から意見を聴くことが必要です。異議がある場合は説明責任を果たせば、期間の延長（3年以内）が認められます。

個人単位・事業所単位での期間制限制度は、ともに有期雇用の派遣労働者を対象とするものです。期間の定めのない無期雇用の派遣労働者は期間制限制度の対象外になります。

また、以下のようなケースについても期間制限制度の対象から外れています。

・事業開始や廃止などに伴う有期業務
・1か月に10日以下の日数限定業務
・産休、育児・介護で休業する社員の代替要員

・派遣労働者が60歳以上

別の部署であれば３年の期間制限の影響は受けないのか

　個人単位の期間制限は、派遣労働者が別の部署へ異動した場合は影響を受けることはありません。総務部→経理部→総務部、というように、３年ごとに部署を変えさえすれば、再び同じ部署に戻すこともできます。さらに、３年ごとに派遣労働者を入れ替えれば、同じ部署で継続して働かせることも可能です。

　また、派遣元企業と期間の定めがない「無期雇用契約」を結んでいる派遣労働者の場合は、もともと無期雇用という安定した雇用の下で働いていることから派遣期間に制限がありません。そのため、無期雇用契約を結んでいる派遣労働者を受け入れる場合は、同じ部署でも別の部署でも３年を超えて働かせることが可能です。

■ 個人単位の期間制限

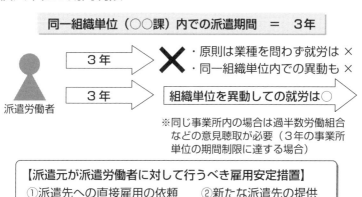

第4章　雇用以外の働き方についての法律知識　121

Q 短期（日雇い）派遣が例外的に認められている業種には どんなものがあるのでしょうか。

A 労働者派遣法では、30日以内の期間雇用である日雇い派遣は 禁止されています。日雇い派遣（短期派遣）とは、派遣先での労働期間が30日以内のケースをいいます。たとえば、派遣期間が30日を超えていても、実際の労働期間が30日以内であれば、日雇い派遣にあたります。ただし、労働期間が30日を超え、その間に複数の短期業務を行う場合は、日雇い派遣にはあたりません。

日雇い派遣は短期間業務のため、労働者が安心して働く環境づくりが満足にできず、労働災害につながるケースがあります。また、日雇い派遣などの短期派遣の場合、派遣会社にとっても雇うたびに一から会社のルールや具体的な業務内容を教えるため時間がかかるという問題があります。そのため、労働者派遣法は日雇い派遣を原則として禁止しているわけです。

● 日雇派遣が認められているケース

ただし、専門的な知識や技術を要する一部の業務は、例外として日雇い派遣が認められています。たとえば、コンピュータシステムプログラム設計や通訳、デザイナーなどの19業務については、日雇い派遣が認められています。これらは主に専門知識や技術、培った経験などの高いスキルが必要で、企業からの需要が高いとされる業種です。そのため、不安定な雇用形態である日雇い派遣を認めたとしても、その派遣労働者が路頭に迷う可能性が低いと考えられることから、例外として認められています。

また、60歳以上の高齢者や昼間学生のアルバイト、年収500万円以上の人の副業としての派遣労働、同居親族の収入で生活をする人（世帯年収500万円以上）などについても例外として日雇い派遣が認められています。高齢者の場合は、働き盛り世代に比べて仕事に就ける可

能性が低いことから、日雇い派遣の縛りを設けない方が効果的だと考えられます。

　学生アルバイトや副業、同居親族の収入で生活する人については、通常の労働者よりも就業日数や時間が短いことが多いため、高齢者と同じく縛りを設けない方が効果的という理由から、例外が認められています。

■ 日雇派遣が許されるケース ……………………………………

業務内容（19種）

ソフトウェア開発	調査	研究開発
機械設計	財務処理	事業の実施体制の企画、立案
事務用機器操作	取引文書作成	書籍等の制作・編集
通訳、翻訳、速記	広告デザイン	デモンストレーション
秘書	添乗	OAインストラクション
ファイリング	受付・案内	セールスエンジニアの営業、金融商品の営業
看護師（へき地の医療機関・社会福祉施設等）		

労働者側の事情

労働者が60歳以上である	労働者が昼間学生である
副業として日雇派遣を行う場合（年収500万円以上）	労働者が主たる生計者ではない（世帯年収500万円以上）

第4章　雇用以外の働き方についての法律知識　123

3 フリーランスとして仕事をする場合のメリット・デメリット

業務量にあわせた人材の確保ができる

フリーランスとして働くことのメリット

　フリーランスとは、企業と雇用関係を持たずに、請負契約や準委任契約などを結んで働くことです。フリーランスのような個人請負の形態は以前から、大工、タクシー運転手、保険外交員、編集者、ライターなどの職種に見られました。近年では、プログラマーやWebデザイナーなどIT関連の職種でも多く見られます。

　このようなスタイルの働き方は、働き手にとっても、企業にとっても一定のメリットがあります。働き手としては、労働時間に縛られず自分のペースで働ける（たとえば、子育てや介護をしながら空き時間を活用して働ける）ことや、企業という枠組みを超えて一定のプロジェクトごとに集まって仕事ができる、専門性を生かして複数の会社から業務を請け負うスタイルで働ける、といったメリットがあります。

　これに対し、企業としては、専門的な知識・技術をもった外部の人材を活用できることや、人件費の削減につながる（たとえば、社会保険や福利厚生のコストの削減が期待できる）、業務量にあわせた規模の人材の確保ができる、といったメリットがあります。

　フリーランスは個人事業主なので、労働関係の法令（労働基準法、最低賃金法、労災保険法、雇用保険法など）の適用を受けず、社会保険の加入対象となりません。労働関係の法令では、賃金の最低水準、労働時間の規制、労災保険や失業保険の給付などの労働者保護について規定していますが、労働者ではない個人事業主は対象外です。そのため、業務内容や報酬などは、双方の合意で自由に決定できます。完全出来高払いや歩合制など成果重視の報酬形態も可能です。

フリーランスとして働く場合のデメリット

　フリーランスとして働くことにはデメリットもあります。フリーランスは、法律上は企業と対等の関係にある「事業主」となるので、前述したように、雇用保険や労災保険などが適用されず、これらに基づく給付が受けられないとともに、最低賃金の保障もありません。

　なお、労災保険については、特別加入の対象者は任意加入することにより、業務上のケガなどの場合に労災保険の給付を受けることができます。特別加入の対象者は徐々に拡大しており、令和6年11月以降は、特定フリーランス事業（フリーランスが企業等から受けて行う業務委託のこと）に従事するフリーランスが、特別加入の対象者に追加されています。対象者は「連合フリーランス労災保険センター（https://jtuc-freelance-rousai.org/）」に対して加入手続きを行います。

　フリーランスについては、取引先企業の職場を業務遂行の場所として指定され、その担当者の指揮命令下で業務に従事する、という実質的に見て労働者である会社員と変わらない形態で働くケースもあります。高度な専門性があるフリーランスであれば、高収入を得ることができますが、労災保険や雇用保険などの負担を逃れるためにフリーランスを利用する企業も存在するのが現状です（発覚すると保険料の追徴を受けることがあります）。

■ フリーランスのメリット

・時間の有効活用が可能
・複数の企業から業務の
　委託を受けることもできる

・フリーランスには原則として労働基準法
　などの労働関係の法令が適用されない
・フリーランスには社会保険への加入や
　福利厚生の提供が不要

フリーランス　　　業務委託契約　　　企業

第4章　雇用以外の働き方についての法律知識　125

4 フリーランス新法について知っておこう

フリーランスを保護するための法律であり、禁止行為には罰則がある

どんな法律なのか

　近年は働き方が多様化し、特定の企業や組織に属しない形態で専門知識やスキルを提供し、その対価として報酬を得るというフリーランス（個人事業者）として仕事をする人が増えています。

　もっとも、フリーランスについては、クライアント（企業）との関係でいえば、立場が圧倒的に弱いことが多く、「約束した条件を正当な理由もなく変更された」「過酷な条件を飲まなければ仕事を継続してもらえない」といったさまざまな問題を抱える者も多いのが実情です。そのため、従来からフリーランスを保護する法整備の必要性が提唱されていましたが、働き方が多岐にわたることなどから、その実態を把握しにくく、なかなか法整備が追いつかない状態が続いてきました。

　このような現状を踏まえ、フリーランスという多様な働き方を考慮し、個人が事業者として受託した業務に対して安定的に従事することができる環境を整備するため、令和5年（2023年）4月28日に「特定受託事業者に係る取引の適正化等に関する法律」（フリーランス・事業者間取引適正化等法）が成立し、令和6年（2024年）11月1日から施行されました。略して「フリーランス新法」とも呼ばれています。

　フリーランス・事業者間取引適正化等法（以下「新法」と略します）は、フリーランスと事業者との間の取引上のトラブルを防ぎ（取引の適正化）、フリーランスにとって働きやすい環境を整備することを主な目的とする法律です。たとえば、後述するように、フリーランスに業務委託をする事業者に対しては、フリーランスへの報酬などの契約内容その他の事項を明示するなどの措置を講じる義務を課しています。

対象となる当事者や取引について

　まず、新法を理解する上での基本となる、新法で使われている用語の意味を確認しておきましょう。

　第一に、新法では、フリーランスのことを「特定受託事業者」と呼んでいます。「特定受託事業者」とは、業務委託の相手方（業務を委託される側）である事業者のうち、①個人であって、従業員を使用しないもの、②法人であって、代表者以外に他の役員（理事、取締役、執行役、業務執行社員、監事、監査役など）がなく、かつ、従業員を使用しないもの、のいずれかに該当するものを指します。

　第二に、「特定受託業務従事者」とは、特定受託事業者である個人

■ フリーランス・事業者間取引適正化等法の概要 ……………

正式名称	特定受託事業者に係る取引の適正化等に関する法律
目的	フリーランス・事業者間の取引上のトラブルを防ぎ、フリーランスにとって働きやすい環境を整備する
特定業務委託事業者に課された義務等	・業務委託の内容や報酬額などを書面または電磁的方法（電子メールなど）で明示しなければならない ・報酬は仕事を受領した日から60日以内に報酬支払期日を設定し、支払わなければならない ・募集広告等についての規制（虚偽の表示等をしてはならず、情報を正確かつ最新の内容に保つ） ・出産・育児・介護等への配慮をする ・ハラスメント対策の体制整備等の措置を講じる ・契約の中途解除の事前予告（中途解除日等の30日前までに予告しなければならない）
違反した場合	・特定業務委託事業者等に対し、違反行為について助言、指導、報告徴収・立入検査、勧告、公表、命令ができる。 ・命令違反や検査拒否等に対しては、50万円以下の罰金に処する場合がある

第4章　雇用以外の働き方についての法律知識　　127

および特定受託事業者である法人の代表者のことです。従業員を使用しないフリーランスである個人は、「特定受託事業者」に該当するとともに、「特定受託業務従事者」にも該当することになります。

　第三に、「業務委託」とは、次の①②に掲げる行為のことです。

① 　事業者がその事業のために他の事業者に物品の製造（加工を含みます）または情報成果物（ⓐプログラム、ⓑ映画、放送番組その他影像または音声その他の音響により構成されるもの、ⓒ文字、図形もしくは記号もしくはこれらの結合またはこれらと色彩との結合により構成されるもの、ⓓその他ⓐ〜ⓒに類するもので政令で定めるものを指します）の作成を委託すること

② 　事業者がその事業のために他の事業者に役務の提供を委託すること（他の事業者をして自らに役務の提供をさせることを含みます）

　第四に、「特定業務委託事業者」とは、特定受託事業者に業務委託をする事業者（業務委託事業者）のうち、①個人であって、従業員を使用するもの、②法人であって、２人以上の役員があり、または従業員を使用するもの、のいずれかに該当するものを指します。

　なお、新法における「従業員」には、短時間・短期間等の一時的に雇用される者は含まないとされています。

取引条件の明示が義務化された

　契約条件を明確にせず業務を依頼するのは危険です。トラブルを防止するため、発注側である特定業務委託事業者は、依頼する業務内容を当事者双方がすぐに確認できるように記録を残すのが大切です。

　そこで、特定業務委託事業者は、特定受託事業者に対し業務委託をした場合は、業務委託の内容や報酬額、支払期日などの事項を、書面または電磁的方法（電子メールなど）により特定受託事業者に対し明示しなければなりません（取引条件の明示）。なお、フリーランスがフリーランスに対し業務委託をする場合のように、従業員を使用して

いない事業者が特定受託事業者に対し業務委託をする場合も、取引条件の明示は必要とされていることに注意を要します。

　また、報酬の支払いについては、特定業務委託事業者は、特定受託事業者の給付を受領した日から60日以内の報酬支払期日を設定し、支払わなければなりません。なお、再委託の場合は、発注元から支払いを受ける期日から30日以内となっています。

特定業務委託事業者の禁止行為と罰則

　特定業務委託事業者は、特定受託事業者との業務委託（1か月以上のもの）に関し、以下の①～⑤の行為をすることや、⑥・⑦の行為によって特定受託事業者の利益を不当に害することが禁止されています。

---

①　特定受託事業者の責めに帰すべき事由なく受領を拒否すること

②　特定受託事業者の責めに帰すべき事由なく報酬を減額すること

③　特定受託事業者の責めに帰すべき事由なく返品を行うこと

④　通常相場に比べ著しく低い報酬の額を不当に定めること

⑤　正当な理由なく自己の指定する物の購入・役務の利用を強制すること

⑥　自己のために金銭、役務その他の経済上の利益を提供させること

⑦　特定受託事業者の責めに帰すべき事由なく内容を変更させ、またはやり直させること

　つまり、①受領拒否、②報酬の減額、③返品、④買いたたき、⑤購入・利用強制、⑥不当な経済上の利益の提供要請、⑦不当な給付内容の変更および不当なやり直し、が禁止行為となります。

　公正取引委員会、中小企業庁長官または厚生労働大臣は、上記の禁止行為に抵触する行為（違反行為）をした特定業務委託事業者等の公

第4章　雇用以外の働き方についての法律知識　129

表や、違反行為について助言、指導、報告徴収・立入検査、勧告、公表、命令などをすることができます。また、命令違反や検査拒否等に対しては、50万円以下の罰金に処する場合があります。

特定受託業務従事者の就業環境の整備

特定業務委託事業者による以下の行為についても、新法では一定の規制を設けています。

・募集情報の的確表示

募集広告を掲載するなど、広告等により募集情報を提供するときは、虚偽の表示等（虚偽表示または誤解を生じさせる表示）をしてはならず、正確かつ最新の内容に保つことが必要です。たとえば、クラウドソーシング（業務を依頼する企業と業務を受ける個人をインターネット上でマッチングするサービス）にフリーランスの募集を出す際に、正しい情報を表示しないと虚偽の表示にあたる可能性が高いです。

・育児介護等と業務の両立に対する配慮

労働者ではないフリーランスには育児・介護休業法の適用が及ばないため、妊娠・出産や介護等の事情があっても、納品日を延期してもらうことや、一定期間だけ休業してその期間だけ他の人に代わってもらうことが難しいといえます。

そこで、特定受託事業者が育児介護等と両立して業務委託（6か月以上のもの）に関する業務を行えるよう、その申し出に応じて必要な配慮をすることが必要です。たとえば、フリーランスからの申し出に応じて、スケジュールや納品日を調整したり、リモートでの打ち合わせを可能にしたりするなどの必要な配慮をしなければなりません。

・ハラスメント対策に関する体制整備

ハラスメント行為により特定受託業務従事者の就業環境を害することのないよう、相談対応のための体制整備その他の必要な措置を講じることが必要です。たとえば、相談窓口の設置、特定受託業務従事者

への周知などを行います。また、特定受託業務従事者がハラスメント行為に関する相談等をしたことを理由に、その者に対し、契約の解除その他の不利益な取扱いをすることが禁止されています。

・中途解除等の事前予告・理由開示

契約期間内に特定業務委託事業者が業務委託（6か月以上のもの）に関する契約を中途解除する場合や、更新しない場合には、特定受託事業者に対し中途解除日等の30日前までにその旨を予告しなければならないのが原則です。また、予告の日から契約満了までの間に特定受託事業者が中途解除や不更新の理由の開示を請求した場合には、これを開示しなければなりません。

なお、特定受託業務従事者の事情で中途解除等をせざるを得ない場合もあるため、特定業務委託事業者は、特定受託業務従事者の契約違反行為や不法行為があった場合など、中途解除されてもやむを得ない行為をあらかじめ契約書に定めて合意しておくとよいでしょう。

国が行う相談対応等の取組み

不当な契約関係に悩まされてきたフリーランスは、新法の規定を根拠に発注者側と協議することで、抱えている法律問題を改善できる可能性があります。また、国の行政機関は、特定受託事業者の取引を適正化し、特定受託業務従事者の就業環境を改善するため、相談対応などの必要な体制の整備等の措置を講じています。当事者間の交渉では解決できない場合や、新法に違反する悪質な事情がある場合には、公正取引委員会、中小企業庁、厚生労働省などの国の行政機関に対し、その事実を報告することを検討するとよいでしょう。

第4章　雇用以外の働き方についての法律知識　131

5 副業・兼業によって本業以外の仕事で収入を得る

副業・兼業は自由に行うことができるわけではないことに注意

副業・兼業とは

　副業や兼業に明確な定義があるわけではありませんが、一般的にはどちらも「本業以外で収入を得る仕事」という意味で用いられています。副業と兼業を厳密に区別し、企業と雇用契約を結んで労働者として働く場合を副業と呼び、個人事業主として請負契約などを結んで業務を行う場合などを兼業と呼ぶこともありますが、本書では、副業と兼業を区別せずに、本業以外で収入を得るという働き方のことを意味するものとして、「副業・兼業」という表現を使用します。

　副業・兼業にはさまざまな形態がありますが、その全般について法的な規制があるわけではありません。企業と雇用契約を結んで労働者として働く場合には、副業・兼業であっても労働基準法などの労働法規が適用されますし、本業の使用者との関係にも影響を及ぼします。日本では欧米に比べて会社の開業率が低いことや、少子高齢化による労働力の減少などが課題として挙げられています。これらの課題に対して副業・兼業を推進していくことは、起業の促進や、慢性的な人手不足の解消に有効だと考えられています。

労働者はどのような場合に副業を行うことができるのか

　会社員である労働者は、必ずしも自由に副業・兼業を行うことができるわけではありません。会社が就業規則などにおいて社員の副業・兼業を「原則禁止」または「会社の許可が必要」と規定している場合もあります。ただし、憲法では「職業選択の自由」を保障しており、わが国の法令上、副業・兼業の禁止が明記されているのは公務員だけ

であって、民間企業に勤務する労働者の副業・兼業を禁じる規定はありません。労働基準法に副業を禁止する規定がないことを知らない人が多いかもしれませんが、副業・兼業に関する裁判例は、労働者が労働時間以外の時間をどのように利用するかは、基本的には労働者の自由であるとしています。ただし、就業規則や労働契約などで副業・兼業を禁止することが法的に一切認められないわけではありません。営業秘密の保持などを重視して、就業規則などで副業・兼業を禁止するにとどまらず、会社の許可なく行った副業・兼業について、就業規則などで懲戒事由にしていることもあります。

会社側が副業・兼業を禁じる理由としては、「副業・兼業をすると、疲れがたまって本業に支障をきたす」「副業・兼業先で本業の情報が漏えいするおそれがある」「残業や休日出勤ができなくなる」などが挙げられます。副業・兼業を禁止している就業規則を破って、会社側から懲戒処分（減給処分や懲戒解雇処分など）を受けた労働者が、その処分の無効を主張して訴訟を提起した場合、前述のような理由で会社に損害を与えたり、労務の提供に支障が生じるおそれがあるときには、会社側の懲戒処分の適法性が認められる可能性があります。

■ **本業と副業の関係**

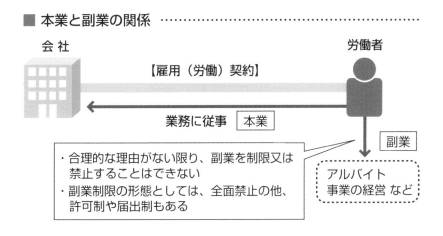

副業・兼業によって会社に対して不利益が生じるおそれがあるとはいえない場合には、基本的には、労働者の副業・兼業を制限することはできず、副業・兼業をすることは懲戒事由にあたらないと考えられます。したがって、就業規則における副業・兼業の禁止・制限規定が常に有効だとは限らず、たとえ当該規定が有効だとしても、当該規定に違反した労働者を常に懲戒処分にできるとは限りません。

　なお、副業・兼業について許可または届出を条件とする会社も存在します。許可の条件として、業種を制限したり、時間や日数を制限したりすることも考えられます。この場合、会社は副業・兼業の是非を判断することができ、労働者も懲戒処分を恐れず副業・兼業をすることができます。

副業・兼業制限とは

　前述したように副業・兼業を認めることで会社のリスクが高まる場合には、それを制限もしくは禁止することができます。これを副業制限（兼業制限）といいます。反対に、会社へのリスクがないと判断できる場合には、副業・兼業を認める必要があります。

　一般的に、裁判例などにおいて副業・兼業制限を設けることができる理由として、以下のようなものがあります。

■ 副業を制限できる場合（公務員を除く）……………………………

原 則	➡ 副業を許可しなければならない
例 外	➡ 合理的な理由がある場合には、副業を制限または禁止することができる

> 副業を制限または禁止できる場合の例
> ①不正な競業や情報漏えいのおそれがある場合
> ②本業の会社の社会的信用を傷つけるおそれがある場合
> ③長時間労働などで本業に支障（健康を害するなど）が生じるおそれがある場合

① 不正な競業や情報漏えいのおそれがある場合

競合他社での就業は、意図するかしないかにかかわらず、本業の会社の機密情報漏えいなど、本業の会社の利益を害するおそれがあります。特に従業員が競合他社への転職や起業の準備として副業・兼業をする場合には、情報漏えいなどのおそれが一層高まります。

② 本業の会社の社会的信用を傷つけるおそれがある場合

副業・兼業先の会社について、たとえば、反社会的勢力との関連が疑われる会社で働くことは、本業先の会社の社会的信用を傷つけるおそれ（会社の名誉・信用の侵害や信頼関係破壊のおそれ）があります。社会的信用を大切にする会社では、従業員がそういった会社で働いていることが公にされると、会社のイメージがダウンして売上が落ち込む可能性があります。

③ 長時間労働などで本業に支障が生じるおそれがある場合

副業・兼業をすると、必然的に労働時間が長くなるため、本業中において居眠りが増える、集中力が途切れてミスを頻発するなど、本業に支障をきたすおそれがあります。さらには、長時間労働が原因で従業員自身の健康が害される可能性もあります。

■ 副業・兼業を始める手順

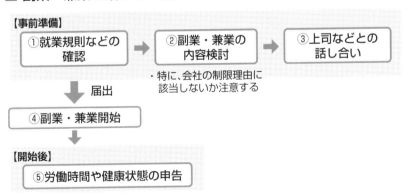

6 複数の事業所で働く場合の労働時間の通算方法はどうなる

三六協定の締結、割増賃金の支払いが必要な場合もある

割増賃金などとの関係で労働時間は通算される

労働基準法38条では、「労働時間は、事業場を異にする場合においても、労働時間に関する規定の適用については通算する」と規定しています。事業場を異にするとは、事業主が異なる場合も含んでいます。つまり、本業先のＡ社と副業先のＢ社において、それぞれの労働時間を通算するということです。

労働時間を通算することで法定労働時間（１日８時間、週40時間）を超えて働く場合には、三六協定の締結と時間外労働の割増賃金の支払いが必要となります。ある会社で雇用している労働者がすべてアルバイトで１日８時間、週40時間を超えるケースは一人もいないため、三六協定を締結していないという事業主がいるかもしれません。しかし、その労働者が副業による労働時間の通算によって、この時間を超えている場合には、三六協定を締結し、割増賃金を支払う義務を負います。

割増賃金の支払義務を負うのはどの事業主か

労働時間の通算によって、法定労働時間を超えてしまった場合に、どちらの事業場が割増賃金の負担をするべきかという問題が発生します。この問題について厚生労働省の出している「副業・兼業の促進に関するガイドライン」のＱ＆Ａにおける考え方は次のとおりです。

割増賃金を支払う義務を負うのは、労働者を使用することにより、法定労働時間を超えてその労働者を労働させるに至った（それぞれの法定外労働時間を発生させた）使用者です。したがって、一般的には、通算により法定労働時間を超えることになる所定労働時間を定めた

「労働契約を後から締結した使用者」は、契約の締結にあたって、当該労働者が他の事業場で労働していることを確認した上で契約を締結すべきであり、割増賃金を支払う義務を負うことになります。ただし、通算した所定労働時間がすでに法定労働時間に達していることを知りながら労働時間を延長するときは、先に契約を結んでいた使用者も含め、延長させた各使用者が割増賃金を支払う義務を負います。

会社が行うべきことは何か

労働時間の通算により時間外労働が発生する可能性がある場合は、三六協定を締結し、届出をする必要があります。

また、割増賃金の支払いがどちらの事業主に発生するかはそれぞれのケースを検討しなければなりません。そのためには、双方の労働時間を把握しておく必要があります。具体的には、副業の許可をする段階で、副業先の所定労働日、所定労働時間などを申告させることが考えられます。毎月、副業の実労働時間を申告させることも有効です。

なお、労働時間の通算について、双方の労働時間をすべて把握することは管理上難しいという問題や、同じ労働を提供しているにもかかわらず、副業のあるなしで賃金が変わってしまうという問題などがあり、副業促進の妨げになっているとも言われています。労働時間の通算などについて、法改正を望む声もあるところです。

労働時間規制の対象とならない場合

労働基準法38条の労働時間の通算については、労働者のみが適用対象です。副業が自営業で業務委託契約や請負契約によって業務を提供している場合には、労働時間規制の適用対象外となり、業務に従事した時間を通算して1日8時間、1週40時間を超えても割増賃金の支払いは発生しません。また、労働者でも管理監督者などの立場にある者は、労働時間規制の対象外であるため、割増賃金の支払いは発生しません。

第4章 雇用以外の働き方についての法律知識　137

Column

副業・兼業と雇用保険、社会保険の扱い

　雇用保険の一般被保険者の加入は、「所定労働時間が週20時間以上」、かつ「継続して31日以上雇用されることが見込まれる」場合です。また、「同時に複数の事業主に雇用される場合には、生計を維持するのに必要な賃金を受ける雇用関係についてのみ被保険者となる」という要件もあります。そのため、本業のＡ社と副業・兼業のＢ社の両方とも週20時間以上の所定労働時間がない場合には、どちらの雇用保険にも加入できませんが、現在では、特例的に65歳以上の複数就業者について、①各就業先の１週間の所定労働時間が20時間未満であり、②全就業先の１週間の所定労働時間が合算で20時間以上、③それぞれの雇用見込みが31日以上の場合、労働者からの申し出があれば、雇用保険を適用することが可能となっています（マルチ高年齢被保険者）。ただし、労働時間を合算できるのは２社までとされ、１社当たり１週間の所定労働時間が５時間以上でなければ合算の対象となりません。

　一方、社会保険については、事業所ごとに加入要件に該当するかどうかを判断します。そのため、複数の事業所で勤める者が、それぞれの事業所で加入要件に該当した場合には、どちらかの事業所の管轄年金事務所と医療保険者を選択する必要があります。

　標準報酬月額や保険料は、選択した年金事務所などで複数の事業所の報酬月額を合算して決定します。それぞれの事業所の事業主は、被保険者に支払う報酬額により按分した保険料を天引きし、選択した年金事務所などに納付します。具体的には、Ａ社の報酬が25万円、Ｂ社の報酬が15万円であった場合には、選択した年金事務所で40万円の標準報酬月額を決定します。保険料が仮に116,000円とすると、Ａ社は116,000×25/40=72,500円、Ｂ社は116,000×15/40=43,500円を労使折半でそれぞれ負担し、選択した年金事務所などに納付します。

第５章

生活保護のしくみと
申請手続き

1 生活保護とはどんな制度なのか

国が最低限度の生活ができるようサポートする制度

生活保護という制度を知ることが大切

　生活保護という言葉自体はよく知られていますが、その制度の内容はあまり知らないという人も多いでしょう。生活保護は、国民としての権利に基づき、その制度を利用することで、現在直面している経済的危機を乗り越え、自立をめざすものです。わが国では、生活保護を受けるのは恥ずかしいことと捉える風潮もありますが、厚生労働省の「生活保護の被保護者調査」によると、生活保護の被保護世帯数は約164万3,000世帯にのぼっています（令和4年度確定値）。

　生活保護の制度について少しでも知っておくことで、将来への不安を和らげることもできますし、家族や友人の助けになることもあるかもしれません。

最低限の生活を営むための制度

　憲法25条は国民の生存権を保障しています。生存権といっても、ただ生命の維持を保障するだけのものではなく、国が「健康で文化的な最低限度の生活」を保障するのが生存権という権利です。

　わが国の社会福祉・社会保障・公衆衛生に関するさまざまな法律は、国民の生存権の保障を具体化したもので、生活保護法もそのひとつです。生活保護は国民の経済的危機を回避する最終手段であり、最後のセーフティーネットでもあります。世帯の生活が苦しくなったとき、国が最低限度の生活を維持できるように保護し、その自立を助ける制度です。一定の基準に従って、定められた要件を充たす場合、生活費や医療費などについて保護を受けることができます。

もっとも、生活保護を受けるためには、その世帯の人が自分たちの生活のために、持てる能力や資産などをフル活用して最善の努力をすることが必要です。こうした努力をしても最低限度の生活を維持できない場合に、はじめて生活保護が行われます。つまり、生活保護は自分の権利を守る究極の危機管理手段ということができます。

生活保護の基本原理

　生活保護の制度は、単に生活に苦しんでいる国民（生活困窮に陥った国民）の最低限度の生活を保障することだけを目的とするものではありません。生活に苦しむ国民が生活保護を利用することで、将来的に自立できるように（自立の助長）必要な援助を行うことも目的としています。生活保護には、以下の4つの基本原理があります。

① 国家責任の原理

　生活に苦しむすべての国民に対し、その生活が困難な程度に応じ、国の直接の責任において必要な保護を行います。国が最低限度の生活を保障しながら、保護を受ける者の自立を助長していきます。

② 無差別平等の原理

　人種・信条・性別・社会的身分などはもとより、生活困窮に陥った原因を一切問わず、もっぱら現在の困窮状態だけに着目して保護を行います。たとえば、ギャンブルが原因で破産して身を滅ぼした自業自得ともいえる国民であっても、生活保護法の要件を満たす限り、国が必要な保護を行います。

③ 最低生活保障の原理

　生活保護の内容として、憲法25条で定められた、健康で文化的な生活水準を維持することができる最低限度の生活の保障に値するものでなければならないとされています。健康で文化的な生活水準を満たすための保護基準（生活保護基準）については、厚生労働省が定めています。

第5章　生活保護のしくみと申請手続き　141

④　補足性の原理

　生活保護を受ける前に、最低限度の生活を維持するために自分のあらゆる資産（不動産、現金、預貯金、有価証券、生命保険の解約金〈貸付金〉、高価な貴金属など）、労働能力その他利用できる手段すべてをフル活用するのが優先です。

　また、夫婦の一方、親、兄弟姉妹などの扶養義務者による扶養が受けられるときは、その扶養を受けられないかどうかを検討する必要があります。

　さらに、各種の年金、手当、保険など、他の法律や施策（制度）が受けられるときは、それらを優先して活用する必要があります。

　そうした上でも保護基準に届かない場合にはじめて、その届かない範囲内で生活保護を受けることができます。

■ 4つの基本原理 ……………………………………………………

人種、信条、性別、社会的身分は関係ない
ギャンブルでの破産など、生活困窮に陥った原因は問わない

国の責任で保護する

国家責任の原理

無差別平等の原理

生活保護制度

最低生活保障の原理

補足性の原理

最低限度の生活が保障される

資産・労働能力・その他利用できるすべての手段を活用
親などの扶養義務者の扶養を検討
他の法律や施策の活用

2 生活保護を受けるための要件について知っておこう

すべての世帯に健康で文化的な最低限の生活を保障する制度である

生活保護を受けるための要件と優先事項

生活保護を受けるためには、以下の要件や優先事項を満たしている必要があります。前ページで述べた補足性の原理により、以下のような要件が求められることになります。

① 資産の活用

現金、不動産、預貯金、貴金属など、一般的に資産と呼ばれているものを持っている場合は、それらを売却して生活費に充てる必要があります。ただし、現金や預貯金については、まったく持っていてはいけないわけではなく、その他の資産についても、それを処分することで生活に支障が出るような場合は売却を要求されません。

② 能力（稼働能力）の活用

働くことのできる人は、その人の持っている能力（稼働能力）に応じて、収入を得るために働くことが求められます。ただ、高齢や病気で働く能力があるかどうか不明である、雇用情勢が悪く仕事を見つけられない、といった事情もありますので、仕事をしていないという理由だけで生活保護が受けられないわけではありません。

③ 扶養義務者からの援助

生活保護の申請者に対する扶養義務者（申請者の両親、子ども、兄弟姉妹など）がいる場合は、その扶養義務者からの援助を受けるのが優先されます。ただ、援助は可能な範囲で行うものであり、援助可能な親族がいることで生活保護が受けられないわけではありません。

④ 他の法律や施策の活用（他法他施策の活用）

各種の年金、手当、保険など、生活保護以外に申請者が受給できる

第5章　生活保護のしくみと申請手続き　143

法律や施策（制度）がある場合は、その受給手続きを行うのが優先されます。その上で、もらった年金などの額が生活保護基準に足りない場合に、その足りない部分が生活保護費として支給されます。

生活保護基準とはどんなものなのか

生活保護は個人ではなく、生計を同一にする世帯ごとに受給されるのが原則です。なお、世帯の中に入院している者がいて、その医療費にかなりの金額がかかり、生活が苦しくなっている場合は、例外的に世帯を分ける（世帯分離）などの措置をすることがあります。

また、生活保護基準（保護基準）とは、世帯の人数や年齢などに応じて決められるもので、最低生活費の金額となるものです。最低生活費とは、水道光熱費や家賃、食費など、生活の維持に必要な最低限の費用です。生活保護基準は、国民が健康で文化的な最低限度の生活を営むことができる水準であるとされており、世帯合計の収入や資産が生活保護基準を下回る場合に、生活保護の受給対象となります。

厚生労働省は生活保護基準に関する一覧表（生活保護基準額表）を公表しているため、それを踏まえて自分に生活保護を受ける資格があるかどうかをチェックするとよいでしょう。生活保護基準は、社会保障審議会の検証結果を基本とし、物価上昇などの社会経済情勢などを総合的に勘案して決定されます。市区町村によって金額が異なり、物価の高い地域では生活保護基準も高めに設定されています。

生活保護基準は、令和5年10月に大きく見直されており、物価上昇などを考慮した特例的な対応として、世帯一人当たり月額1,000円の加算（特例加算）が行われています。生活保護のイメージは必ずしも良いとは言えず、申請をためらうこともあるでしょうが、親族の援助を受けることができず、十分な生活費を稼ぐことができない状態であれば、遠慮せずに生活保護の申請を行うべきです。

収入の認定

働いて得た収入（給料・賞与など）はもちろん、仕送りや年金も収入として扱われます。実際には、世帯に入ってきた収入から社会保険料（給料から天引きされる場合はこの限りではありません）などの必要経費を控除した金額が収入として認定されます。生活保護を受給した後でも、これらの認定された収入がある場合は、収入認定額を差し引いた分だけが生活保護費として支給されます。ただし、世帯に入ってくる金銭のうち、冠婚葬祭による香典や祝い金など、社会通念上、収入とすることが適当でないものは、収入として認定されません。

支給額はどのように算出するのか

生活保護費の支給については、世帯の収入認定額と生活保護基準によって計算される最低生活費を比較して、申請世帯が生活保護の受給対象となるかどうかを判断します。そして、収入認定額が最低生活費より少ない場合には、生活保護の受給が決定し、生活保護費が支給されますが、支給額は原則として最低生活費から収入認定額を差し引いた金額となります。

どんな場合に生活保護が受けられるのか

生活保護の受給については、以下のようなケースで問題になることがあります。

① **年金受給者は最低生活費を下回っているかどうか**

年金を受給している人（年金受給者）も生活保護を受けることができます。最低生活費よりも収入認定額（年金の受取額に基づいて認定されます）が少なく、生活保護を受けるための他の要件が満たされていれば、収入認定額と最低生活費の差額を生活保護として受け取ることができます。

第5章 生活保護のしくみと申請手続き 145

② 世帯主がお金を入れてくれないので困っている

　世帯主が家にお金を入れてくれない場合に、他の家族が生活保護を申請しても認められる可能性は難しいといえます。生活保護は世帯を単位として、その世帯の収入認定額が最低生活費よりも多いか少ないかという基準で認定します。この場合、世帯としては収入があるわけですから、生活保護の適用は難しいと言わざるを得ません。

③ 離婚する場合に生活保護を受けられるか

　離婚が成立している場合、新たに世帯主となって生活保護を申請することはできます。この場合は、生活保護の受給が決まったら、すぐに別居する必要があります。そして、離婚をきっかけに生活保護を受ける場合は、配偶者からの慰謝料の支払いや、親族からの経済的支援が期待できない（長年にわたり音信不通など）ことを説明して、申請を受け付ける福祉事務所に納得してもらう（保護の必要性を認めてもらう）必要があります。

■ 働くことができるかどうかが1つの基準となる

　生活保護を受けるには、「働けない」「働きたくても職が見つからない」「働いているけれども収入が少ない」のいずれかを証明する必要があります。生活保護を受けようとする前に、自分で稼いで生活できるように努力すべきだからです。

　働くことができる能力を稼働能力といいます。稼働能力は人によって異なります。人は、それぞれ年齢や性別、学歴、職歴、疾病の有無などに差異があるからです。福祉事務所は、申請者ごとに稼働能力の有無や程度を判断し、生活保護の受給を決定するか、それとも拒否するかを判断します。単に職を探すよう指導するだけのケースもありますし、短期間だけ生活保護が認められるケースもあります。

① 働けない場合

　働けないことは生活保護の受給理由になりますが、働けないことを

146

証明しなければなりません。証明する際も、あくまでだれもが納得できる客観的な内容での証明が必要です。病気やケガ、障害などの理由で働けない場合は、福祉事務所が主治医などに問合せを行います。

② 仕事がない場合

働くことはできるが、仕事に就くことができない場合も、生活保護を受けることができます。この場合は、仕事に就くための努力はしているが、どうしても仕事に就くことができないことを証明する必要があります。たとえば、福祉事務所に相談に行くときに、過去の就職活動の内容がわかる記録や、ハローワークの登録カードなどを持参するのがよいでしょう。

③ 収入が少ない場合

働いているが収入が少ない場合は、企業に雇用されているかどうかにかかわらず、自営業などであっても生活保護を申請することができます。ただし、収入が最低生活費よりも少ないというだけでは「収入が高い職に移ればよい」と判断されてしまいます。少ない収入で働かなければならない客観的な理由を説明し、福祉事務所に納得してもらう必要があります。たとえば、病気や介護で特定の時間しか働けないといった理由です。努力をしてもこれ以上の仕事が見つからないことも理由になります。その際は、仕事がない場合と同様に、証拠となる書類などがあるとよいでしょう。

■ 支給額

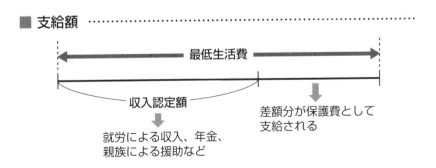

第5章 生活保護のしくみと申請手続き

3 扶養義務について知っておこう

扶養義務のある人には扶養照会の書類が送付される

3親等内の親族には扶養義務がある

　生活保護を受給できるか受給できないかの判断の決め手になる項目のひとつが、扶養義務のある親族から援助が受けられるか受けられないかという点です。扶養義務のある親族が援助してくれる場合は、生活保護を受けられないか、または受けられたとしても減額支給されることになっています。

　扶養義務のある親族は「3親等内の親族」です。このうち、申請者の配偶者、父母、子ども、兄弟姉妹といった人は、扶養義務のあることが明記されていることから、絶対的扶養義務者と呼ばれ、生活保護の申請があった場合に、まず援助できないかどうかが問われます。

　また、扶養義務には、自分の生活と同程度の支援をしなければならない生活保持義務と、自分の生活を損なわない範囲で支援を行えばよい生活扶助義務があります。たとえば、申請者とその配偶者は生活保持義務関係にあるとされ、配偶者は扶養義務を強く求められます。

　しかし、絶対的扶養義務者以外の3親等以内の親族（叔父・叔母など）については、過去や現在において申請者やその家族を援助しているなど、特別な事情がある場合に扶養義務を負うことがあります。この場合に扶養義務を負う人のことを相対的扶養義務者といいます。

　なお、申請者が離婚している場合、その未成年の子どもの扶養については、元配偶者にも扶養照会の書類が送られます。未成年の子どもについては、元配偶者であっても、未成年の子どもの親として「生活保持義務」の関係にある者としての責任があるからです。

扶養義務が重視されている

　生活保護の申請が行われると、福祉事務所は扶養義務者に対し、申請者を援助できるかどうかについて質問する書類を送ります。これを扶養照会といいます。扶養照会は決して強制ではありません。「扶養できる経済力があるならば、必ず扶養しなさい」という強制力のある書類ではないということです。また、厚生労働省の「生活保護法による保護の実施要領の取扱いについて」という通達では、扶養義務の取扱いについて、扶養義務者に対して直接扶養照会をすることが真に適当でない場合（たとえば、扶養義務者が申請者によるDVから逃れている配偶者や子どもである場合）などについて示されています。

　もっとも、生活保護法では、申請者の扶養義務者が扶養義務を履行していない場合、申請者の生活保護の開始決定について、扶養義務者に書面で通知する旨を規定しています（24条8項）。また、扶養義務者の資産や収入などについて、扶養義務者の勤務先や利用している金融機関などに報告を求めることができる旨も規定しています（29条1項）。つまり、生活保護の申請をすると、その親兄弟に連絡が行き、扶養義務を果たすよう要求されるということです。しかし、これにより親兄弟に困窮を知られたくない者が申請を取り下げる、生活保護の開始を知った扶養義務者が「体裁が悪いから申請するな」と要求するといったケースが起きているとの指摘もあります。

金銭以外のサポートもありうる

　扶養照会の書類を受け取った場合、金銭的援助ができなくても、精神的支援をするといったサポートができる場合は、その旨を記載するようにしましょう。申請者にとって心強い味方に感じられるのはもちろんですし、支えになってくれる人がいてくれることは、生活保護を受ける上で優位な判断材料にもなるからです。

第5章　生活保護のしくみと申請手続き　149

4 生活保護の受給資格について知っておこう

現在居る場所の福祉事務所に申請する

住所不定の人はどうするのか

　生活保護は福祉事務所に申請します。福祉事務所は都道府県・特別区（東京23区）・市が必ず設置していますが、あちこちを転々として生活をしている住所不定者の場合は、どこの福祉事務所に行けばよいのでしょうか。この場合は、現在居る場所の福祉事務所に行けばよいことになります。生活保護法は、生活困窮者が現在居る場所を管轄する福祉事務所が、生活保護を与える権限と義務を負うとしているからです（現在地主義）。

　福祉事務所によっては、生活保護受給者を増やさないため、「以前住んでいた場所の福祉事務所に行くように」と指示することがあります。しかし、生活保護を受けようとする人は交通費にも事欠くことが多いものです。そのために現在地主義を採用し、住所不定者に対しては、その者が現在居る場所を管轄する福祉事務所が対応すべきとしているわけですから、相談員の言いなりにならず、現在居る場所の福祉事務所で対応をしてもらえるように要請しましょう。

居候の場合にはどうするのか

　居候をしている場合にも、アパートを借りている人と同様に住民登録をすることができます。居候先の住所を住民票に記載される住所として登録することには何の問題もありません。ただ、少なくとも居候先の主にその理由を告げておくべきでしょう。

　また、福祉事務所に相談に行く場合には、現住所が居候先であることを正直に告げる必要があります。

収入をチェックする

　相談に行く前に資産とともにチェックしたいのが収入です。収入については、最近３か月分を３で割って平均をとるようにします。その平均額が生活困窮者の大まかな基準である10万円前後（１人世帯、ただし、地域差があります）に満たなければ、生活保護を受けられる可能性が高くなります。また、慢性の病気で多額の医療費を支払っている人は、収入からさらに医療費を引いて計算することができます。この場合は、平均した収入が10万円前後を超えていても、生活保護を受ける資格は十分にあるわけです。

借金がある場合にはどうなるのか

　たとえ借金があったとしても、生活保護を受けることはできます。ただし、生活保護を受けなければならないほどに困窮しているのであれば、まず、自己破産や任意整理を行って借金を整理する必要があります。借金の整理は自分で行うこともできますが、裁判所の手続きなどが複雑であるため、通常は弁護士や司法書士などに委任することになります。実際、借金関係が入り組んでいる場合、自分で解決するのは難しくなります。

　しかし、困窮している状況であるにもかかわらず、弁護士や司法書士に高い費用を支払うのは無理があります。そのような場合は、法テラス（日本司法支援センター）の法律扶助制度（0570－078374）を活用するとよいでしょう。法律扶助制度を利用すると、毎月かかった費用を分割で支払っていくことができます（一定の要件を満たしている必要があります）。

第５章　生活保護のしくみと申請手続き

5 住居をめぐる問題について知っておこう

家賃や家の補修費用も補助される

■ 家賃が高額な場合や差額を親が出してくれる場合

　生活保護では、日々の生活費に加え、住んでいる家の家賃も補助してもらえます。これを住宅扶助といいます。住宅扶助の金額は、級地別に上限額が決められています。さらに、都道府県単位で上限額を引き上げる「特別基準額」の制度もあります。

　注意したいのは、生活保護の申請時に住んでいる家の家賃が高いからといって、それが申請を却下する理由にはならないことです。福祉事務所の中には「家賃が安いところに引っ越してからでないと申請できない」と突っぱねるところもあるようですが、法律上は、そのようなしくみにはなっていません。

　ただし、家賃が住宅扶助の上限額を大きく超える場合は、生活保護の受給が決定してから、すみやかに転居するよう指導されます（転居指導）。「家賃の差額を親が援助してくれるので引っ越したくない」と言っても、引っ越すように指導されます。生活保護は、あくまでも最低限度の生活を維持するための支援であり、より良い家に住むための支援ではないからです。この場合は、親の補助を生活費に回すように指導されます。

　ただし、自分が病気で、家の近くにかかりつけの病院があり、引っ越すと病院に通いにくくなるなど、やむを得ない事由があれば、医者の意見なども聴取した上で、現在の家に住み続けることができる場合もあります。しかし、その場合は生活費の一部から家賃を捻出しなければならないため、対応策を検討しなければなりません。

転居費用を出してもらえるのか

　今住んでいる家の家賃が住宅扶助の上限額よりも高い場合など、福祉事務者が転居の必要があると認めたときは、生活保護を受けてからすみやかに転居するよう指導されます（転居指導）。転居指導に応じて引っ越しをする場合は、敷金、礼金、引越しの費用などとして、一定額の転居費用が支給されます。

親が借りている部屋に住んでいる場合（居候の場合）

　生活保護を申請する上で最も注意を必要とするのが、申請者が親の借りている家に住んでいるなど居候をしている場合です。居候をしている場合は、原則として生活保護を受けるのは難しいと考えてよいでしょう。生活保護は世帯単位で適用される制度であり、その支給にあたっては申請時現在における居住実態が考慮されるからです。

　居候の場合は、親を含めて１つの世帯とみなされます。自分には貯金も収入もないが、親には貯金も収入も十分にある場合、世帯としては貯金も収入も十分あるわけですから、生活保護を受ける要件を満たさなくなります。生活保護を受けたいと思った場合は、できる限り住んでいる家を出る目前に申請するとよいでしょう。

世帯分離と別世帯との違いは

　生活保護は世帯単位で保護を行う制度ですが、世帯の一部を同居者と分けて保護するために「世帯分離」という取扱いが行われることがあります。よく使われるケースが、高齢者の医療費負担に伴う世帯分離です。同居している家族の高齢者が入院している場合、扶養家族である高齢者の医療費は、その家族が負担します。しかし、入院が長期にわたると、医療費が家族の生活を圧迫するケースが出てきます。その場合、特別に入院中の高齢者だけを分離し、その高齢者を生活保護の対象とすることで、家族の医療費負担を大幅に軽減できます。

第5章　生活保護のしくみと申請手続き　**153**

このように、世帯分離は国民の福祉維持の面から例外的に認められる制度です。そのため、前述のケース以外で世帯分離が認められるのは、①稼働能力があるにもかかわらず収入を得る努力をしない者を世帯分離して、残りの世帯員を保護する場合、②転職や結婚などで1年以内に別居する予定がある子どもを世帯分離して、その親を保護する場合、などに限られています。なお、別世帯とは、生活の場も家計も完全に別々な状況を指します。住民票上は別世帯であっても、家計を共同して生活を営んでいる（生計が同一である）場合、生活保護法上は同一世帯と扱われることに注意が必要です。

修繕費用は出してもらえるのか

　持ち家の人が生活保護を受けている場合、家の補修に必要な費用は住宅維持費として支給されます。ただし、支給されるのは、あくまでも最低限度の生活を維持する上で必要な補修の費用だけです。

■ **世帯分離と別世帯**

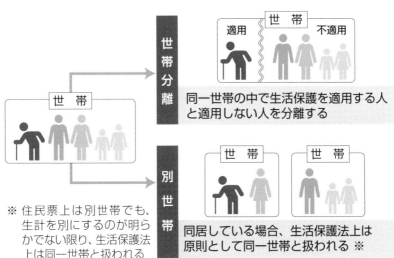

6 一定の資産があるとどうなる

資産があっても生活保護を受けられることがある

資産は最低限度の生活を維持する上で必要な範囲に限られる

　預貯金や現金については、一定額を超えて保有していなければ、生活保護を受けることができます。ただし、生活保護の受給が認められるには、保有する資産は健康で文化的な最低限度の生活を維持する上で必要な範囲に限られます。生活保護の申請時に保有が認められている現金や預貯金の限度額は、最低生活費（基本的に生活扶助、住宅扶助、教育扶助の合計額）の半額とされています（10万円が目安）。

　また、現金や預貯金以外にも、以下に掲げるものが資産と判断されています。生活保護では、原則として現金や預貯金以外の資産を保有することが認められていません。資産を処分することで生活に支障を及ぼすことになる場合を除き、現金や預貯金以外の資産を保有している場合は処分を行い、生活費の足しにすることが求められます。

① 持ち家・土地

　持ち家や土地は、売却するか、もしくは他人に賃貸するなどして換金するのが原則です。売却か賃貸かの判断は、収益性や換金性を考慮して判断されますが、特に持ち家や土地は、売りに出してもすぐに売却されて換金できるとは限らないのが特徴です。

　資産が手元に残っているからといって、それが売却されて収入となるまで生活保護の支給を先延ばしするわけにはいきません。このような換金に比較的時間を要する資産を保有している場合は、まず生活保護の支給が先に行われます。これによって生活扶助費などは事前に受け取ることができますが、資産が売却されて収入ができた時点で、それまで受け取っていた生活扶助費などは返還する必要があります。

第5章　生活保護のしくみと申請手続き　155

もっとも、現在住んでいる持ち家や土地が換金性の高くないもので
あれば、売却しなくても生活保護を受けることができる場合がありま
す。この場合は、生活保護の受給開始後も、引き続き持ち家などに住
み続けることができます。

② **自動車・家具・家電など**

自動車や家具、家電などは、売却・換金して生活維持のために活用
するのが原則です。ただし、自動車や家具、家電などは、たとえ資産
という性質を持っているとしても、売却すると生活が成り立たなくな
る場合もあります。そこで、これらを処分することで最低限度の生活
が保てないと福祉事務所が判断した場合は、保有し続けることが認め
られています。たとえば、自動車であれば、公共交通機関の利用が極
めて困難な地域に居住していたり、あるいは障害を持っていたりする
ために、通院・通学などに際して自動車を必要とするなど、特別な事
情がある場合に保有の継続が認められます。

③ **その他の資産**

株式、債券（国債など）といった有価証券や貴金属、生命保険も資
産とみなされます。有価証券や貴金属は売却して換金し、生命保険は
解約して払戻金を受け、それを生活費に充当しなければなりません。

ただし、生命保険の場合は、払戻金が少額（最低生活費の３か月程
度または30万円以下が一応の目安とされています）であれば、例外的
に保有し続けることが認められます。

申請者の資産を処分すべきとするか、保有し続けてもよいとするか
などの判断は、福祉事務所にまかされています。福祉事務所は、前例
に基づいて資産の扱いを決定しますが、申請者の生活環境や経済状況
はさまざまだといえます。福祉事務所としても、生活保護制度の根幹
をなす基本原理のひとつである「補足性の原理」（142ページ）と、容
易に照らし合わせることができるわけではありません。そのため、資
産の活用についても、申請者と福祉事務所との間に認識のずれが起こ

りやすいことが問題視されています。

■ 生活保護と保有できない財産 ·····························

財産	保有の可否 （原則）	理由・注意点
持ち家	△	住宅ローンのない持ち家で換金性が高くないものであれば、基本的に住みながら生活保護を受けることができる。 住宅ローンが残っている場合は、保有が認められず、自宅の売却が必要。
自動車	×	自家用車の保有は原則として不可。 身体障害者で通院に必要な場合や、交通の便が極端に悪い場所に住んでいる場合には、例外的に保有が認められる。
家電 家具 生活用品	△	ぜいたく品の保有は不可。 その居住地域での普及率が7割を超える物品の保有は可能。 たとえば、携帯電話、パソコン、クーラー、テレビは、高価なものでなければ保有が認められる傾向にある。4Kテレビなど一般家庭でもあまり普及していない物品は売却が必要。
現金 預貯金	△	現金や預貯金の合計が最低生活費以下であれば、現金や預貯金を保有したまま生活保護を申請できるが、最低生活費の半額を超える分は最初の生活保護費から差し引かれる。
有価証券 貴金属	×	換金性が高いため、保有が認められず、売却が必要。
生命保険の 保険金の受給	△	保有が認められる生命保険の保険金の受取りは可能。 ただし、福祉事務所に申告して保険金の分についての医療費や生活保護費は返還することが必要。また、貯蓄性の高い保険は解約して、払戻金を生活費に充てることが求められる。

第5章　生活保護のしくみと申請手続き　157

7

収入があると生活保護は受けられない

あらゆる手を尽くしても生活できない場合にのみ受け取れる

■ 手持ちの保有資金はどのくらいまで認められるのか

　生活保護は、あらゆる手段を使っても生活ができなくなった状況になって初めて適用されます。したがって、収入が最低生活費を上回る場合はもちろん、最低生活費以下の収入しかなくても、貯金がある場合は、それを使い切ってからでないと申請できないのが原則です。

　しかし、貯金がゼロにならなければ申請できないというのも、あまりに杓子定規な考え方です。そこで、申請できる貯金（手持ち金）を最低生活費の50％以下としています。つまり、1か月の生活費の半分まで貯金がなくなったら、申請できるというわけです。

■ 貯金ができる場合は限られる

　保護費（生活保護費）から貯金をすることは認められるのでしょうか。最高裁判所は、保護費を貯蓄に充てることは生活保護法の予定するところではないが、生活保護の趣旨目的に適う貯蓄は資産にあたらない（保有が認められる）との判断を示しています。したがって、将来の生活に最低限必要な費用を保護費から少しずつ貯蓄し、その費用に充てている場合は、保有が認められると考えられます。一方、一般的に蓄財と判断されるような貯金は、保有が認められないでしょう。

■ 生活保護を受けながら借金を返済することはできない

　前述のように貯金をすることは認められる場合もありますが、借金の返済に保護費を充てることはできません。保護費の中から借金を返済することは、最低限度の生活を保障するという生活保護制度の趣旨

に反するとされているからです。保護費を借金の返済に回すと、日々の生活が圧迫され、最低限度の生活の維持ができなくなるおそれがあります。また、保護費の中から借金を返済してもよいとなれば、たとえば、自動車ローンを返済している場合、保護費で自動車購入を認めることになってしまいます。

　生活保護を受けようとする場合、借金については、自己破産などをして精算するか、自立した後で返済するよう債権者と話し合わなければなりません。

住宅ローンが残っている場合はどうか

　保護費の中から借金を返済してはいけないのですから、住宅ローンの支払いもできません。これを許してしまうと、保護費で家を買うことに結びついてしまうからです。住宅ローンの毎月の返済額が住宅扶助の特別基準額より少なくても、その返済に保護費を充てることは許されません。したがって、住宅ローンが残っている場合は、家を売却するなど、財産整理の手続きを進めると同時に生活保護を申請することになります。

■ 生活保護の申請と現金の保有

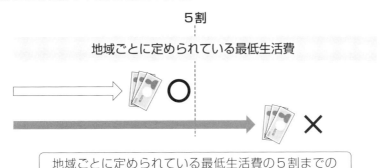

8 生活保護の申請ではどんな書類が必要なのか

本人または家族が申請する

申請手続時の提出書類の厳格化

生活保護を申請するときは、特別の事情がある場合を除き、申請書の提出が必要です。申請書については、必ずしも役所で用意している指定の用紙による必要はありません。申請書の記載事項は、次のとおりです（生活保護法24条1項）。

① 要保護者の氏名および住所（居所）

② 申請者と要保護者が異なるときは、申請者の氏名、住所（居所）、要保護者との関係

③ 保護を受けようとする理由

④ 要保護者の資産および収入の状況

⑤ その他厚生労働省令で定める事項

その他、保護の要否・種類・程度・方法を決定するために必要な書類の添付が求められています（生活保護法24条2項）。

どんな書類を持っていくのか

生活保護の申請に関する相談にあたって、準備しておく書類を確認しておきましょう。下記の他にも事情を説明するのに必要と思うものがあれば、その書類などを持参して相談するとよいでしょう。

① 最近3か月間の給与明細書

仕事をしていない場合は、持参の必要はありません。

② 世帯全員の預貯金通帳（定期預金などの証書を含みます）

持っているすべての銀行や郵便局などの通帳に、当日の残高を記帳して持参します。記帳漏れがあっても申請できないわけではありませ

んが、他にも財産があるのを隠していたと思われると、生活保護を受けるにあたり不利になります。

③ **賃貸住宅（アパートなど）の契約書、家賃の領収書**

賃貸借契約を結んだ際に渡される賃貸借契約書と、家賃の支払いの記録が残っているもの（賃貸人に直接支払っている場合は領収書、振込みで支払っている場合は記帳済みの通帳）が必要です。現在、所定の住居がない場合は、用意する必要はありません。

④ **自分の世帯で年金や恩給・児童扶養手当、障害手当などを受給している者がいる場合は、それらの公的扶助に関する書類**

たとえば、現在、年金を受け取っている場合は、最低生活費との差額が実際に受け取る保護費になります。

⑤ **健康保険証、介護保険証など**

生活保護を受けた場合、医療費や介護保険費は生活保護の医療扶助や介護扶助でまかなわれます。医療扶助について、生活保護受給者は国民健康保険や後期高齢者医療制度に加入できず、脱退手続きが必要です。脱退後は全額が医療扶助の対象となります。一方、生活保護受給者になっても被用者保険（主として会社の従業員が加入する健康保険）は加入し続けることができます。この場合、被用者保険では給付されない部分が医療扶助の対象となります。

■ **生活保護の申請**

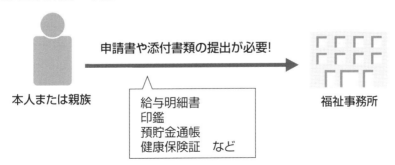

第5章 生活保護のしくみと申請手続き 161

⑥　不動産の登記事項証明書または権利証

　不動産（土地や建物）を所有している場合は、登記事項証明書または権利証を持参します。登記事項証明書は法務局で入手できます。

⑦　ガスや水道などの公共料金の領収書

　領収書または請求書を持参します。

⑧　印鑑

　認印でもよいですが、シャチハタなどのゴム印は不可です。

■ 生活保護の申請時に準備しておく主な書類 ……………………

書　類	内容・注意点
銀行預金通帳、郵便貯金通帳	残高の確認を行うために提出する
健康保険証	受給開始後、国民健康保険や後期高齢者医療制度は脱退する
介護保険証や保険料の通知	40歳未満であれば不要
何らかの手当を受けている人はそれが確認できる書類	児童手当や障害給付などを受けている人は、その書類
過去3か月分の給与明細	直前まで会社勤めをしていた人は提出する
生命保険証、簡易保険証	民間保険に加入している場合に提出する
老齢基礎年金や老齢厚生年金等の証書・書類	60歳以上の人など、年金受給権がある人は提出する
賃貸借契約書、家賃の支払証明	アパートなどに住んでいる人は、部屋の賃貸借契約書を提出する
登記事項証明書、権利証	不動産を所有している場合は、所有者であることがわかる書類を提出する
公共料金の領収書	電気・ガス・水道の利用料金がわかる書類
印鑑	認印でも可、シャチハタは不可
その他	求職活動をしていることがわかる手帳・ノート。子など扶養義務者の連絡先を書いた書類などの提出を求められることがある

9 申請手続きの流れはどうなっているのか

生活保護の申請を行うと福祉事務所による調査が行われる

だれが申請するのか

　生活保護の申請ができるのは、原則として本人または家族（配偶者・子・両親などの扶養義務者）です。福祉事務所などの方から進んで保護を与えてくれるわけではなく、本人などの申請が必要（申請保護の原則）という点は知っておく必要があります。

　ただし、本人に緊急の病気・ケガという事態が生じ、自ら福祉事務所を訪問できない場合は、福祉事務所の職権で生活保護が行われることがあります。

どのような手続きをするのか

　生活保護を受給するには、上記で述べた申請保護の原則により、生活保護の申請を行うことが必要です。申請は居住地または現在地の市区町村を管轄する福祉事務所で行います（現在地主義）。申請の際には相談員との面接があり、最終的にはさまざまな書類を提出することになりますので、事前に電話で連絡を行うとよいでしょう。

　生活保護の申請の際には、所定の事項を記載した申請書（167ページ）を提出します。その他、福祉事務所の判断により、資産申告書や給与明細書、就労状況申告書などを提出します。また、本人の収入調査の際、福祉事務所が財産調査を行うこともあるため、調査についての同意書（168ページ）への署名を求められることもあります。申請書や同意書の様式は地域によって異なりますが、おおむね本書で掲載している書式のとおりです。

　なお、生活保護の受給が行われるかどうかの決定は、申請をした日

第5章　生活保護のしくみと申請手続き　163

から14日以内に書面で通知されます。しかし、生活保護に関する調査は、扶養義務者に対して申請者を扶養することができないか確認をする必要もあるため、決定の通知が遅れる場合もあります。

申請後に調査が行われる

受理された申請書に基づいて、ケースワーカー（現業員）が、申請書の内容を調査し、情報を収集します。ここで集められた情報を基礎に、福祉事務所長の決裁を得て、生活保護を開始するかどうかが決まります。ケースワーカーは、地区ごとに担当が決まっており、自分が住んでいる地区のケースワーカーが必要に応じて、アドバイスをしています。

受給開始後はどうなるのか

生活保護の受給が決定された後は、原則として申請日の分から保護費（生活保護費）が支給されます。例外的に過去にさかのぼって支給されることもありますが、逆に資産や収入の面から、扶助が必要となる日まで支給されない場合もあります。また、生活保護の受給開始後は、定期的に福祉事務所の担当者による家庭訪問が行われます。

なお、生活保護には、継続的に支給されるものと、一時的に支給されるものがあります。一時的に扶助が必要となったものについては、その都度、福祉事務所に申請を行います。

生活の維持・向上に努める

生活保護の利用者は、能力に応じて勤労に励み、生活の維持向上に努めなければなりません。福祉事務所から利用者に対し、生活指導やその人の能力に応じた就業の指示が行われることがあります。

なお、生活保護の利用世帯は住民税などの税金がかかりません。申請以前の滞納分は支払猶予が与えられますが、滞納分が帳消しになることはありません。

164

保護の停止や廃止が行われる

世帯の合算収入が増えた場合や、最低生活費が下がった場合、生活保護の停止や廃止が行われることがあります。

たとえば、一時的に保護が必要でない状態となった場合は、保護の停止がなされます（217ページ）。保護の停止がなされる場合として、おおむね6か月以内に保護の再開を必要とすることが予想される場合や、一応保護を必要としなくなったと認められる状態が続くことについて、確実性を欠く場合が該当します。

なお、保護が停止になってもケースワーカーによる家庭訪問によって生活状況の経過観察は行われますが、保護費の支給はストップするため、医療費などについては自分で支払うことになります。

福祉事務所の調査権限の拡大や不正・不適正受給の防止

生活保護法には、生活保護の不正・不適正受給を防止することを目的として、次のような規定があります。

① 福祉事務所の調査権限

福祉事務所には一定の調査権限が認められています。たとえば、要保護者（申請者や生活保護受給者）もしくは過去に生活保護受給者であった者については、その氏名、住所（居所）、資産や収入の状況、健康状態、他の保護の実施機関における保護の決定や実施の状況などについて調査権限が及びます。

また、福祉事務所から官公署等（市町村役場や年金事務所など）に情報提供の求めがあった場合、回答が義務付けられています。

② 不正受給の罰則および返還金

不正受給の罰則は、3年以下の懲役（令和7年6月以降は拘禁刑）または100万円以下の罰金です。また、不正受給した保護費の徴収にあたって、徴収額に100分の40を乗じた金額までを上乗せすることも認められています。

第5章 生活保護のしくみと申請手続き　165

■ 生活保護申請から決定までの流れ

| 福祉事務所に行く | ●市区町村役場や福祉事務所（市区町村役場内にあることが多い）に行き、生活に困っていることを伝える |

↓

| 面 接 相 談 | ●相談員（ケースワーカーなど）により面接相談が行われる
●現在の生活状況、収入や資産の状況などを伝え、他に利用できる制度はないか、今後の生活をどうしたらよいかなどを話し合う |

↓

| 申 請 受 付 | ●生活保護を申請するしか方法がないと判断されたときには、保護の申請をすることになる |

↓

| 資力調査
（ミーンズテスト） | ●申請に基づいて、ケースワーカー（現業員）が世帯の収入や資産の有無やその程度、扶養義務者から援助が受けられるかどうかなどを調査する |

↓

| 保護の要否判定 | ●調査に基づいて、申請者に保護が必要かどうかの判定を行う |

↓

| 保護の決定 | ●福祉事務所は、保護の必要がある時は生活保護の適用を決定し（保護の決定）、保護の必要がない時は申請却下を決定する
福祉事務所の決定に不満がある申請者は、通知を受け取った日の翌日から60日以内に知事に対して審査請求ができる |

↓

| 生活保護費の受給 | ●生活保護の適用が決定されると、通常は窓口に来所するように指示され、その場で第1回目の保護費が渡される
●保護受給中は定期的に担当のケースワーカーの家庭訪問がある |

↓

| 受給後の生活 | ●生活の維持向上や健康の保持増進に努める
●収入や支出その他の生計の状況を適切に把握する |

書式　生活保護申請書サンプル

生 活 保 護 申 請 書	世帯番号

令和 ○年 ○月 ○日

（あて先）
　　○○福祉事務所長
　　　　申請者住所　　○○市　　○○町　　○丁目　　○番　　○号
　　　　　　　　　　　　方　　　　TEL ○○○（○○○）○○○○
　　　　　氏名　甲山　太郎　　　　　　　㊞
　　　　　　　　　　　要保護者との関係　　本人

次のとおり生活保護法による保護を申請します。

現 住 所		○○市　　　○○町　　　○丁目　　○番　　○号						

	氏　　　名	続柄	性　別	生年月日	年齢	職業・学校・学年	学　歴	健康状態
保護を受けたい人	甲山太郎	本人	男・女	昭和○○年○月○○日	53	無　職	高校卒業	不良
			男・女					
			男・女					
			男・女					
			男・女					
			男・女					
			男・女					
			男・女					

保護を受けたい理由	腰の病気を患い、手術をしましたが、未だに痛みがとれず働くことができません。生活費ばかりか医療費もままならず生活に困っています。

援助者の状況親兄弟、親族、その他	氏　　　名	続柄	年齢	職　　　業	現　　住　　所
	甲山花子	母	75	無　職	○県○市○町○丁目○番○号

第5章　生活保護のしくみと申請手続き

書式　同意書サンプル

同　意　書

　　保護の決定又は実施のために必要があるときは、私の資産及び収入の状況につき、貴職が官公署に調査を嘱託し、又は銀行、信託会社、私の雇主、その他の関係人に報告を求めることに同意します。

令和　　○年　　○月　　○日

　　　　　　　　　　住所　　○市○町○丁目○番○号

　　　　　　　　　　氏名　　甲山　太郎　　　　　㊞

10 家庭訪問について知っておこう

定期的にケースワーカーが訪問して指導などを行う

どんな目的で行うのか

　生活保護の目的の1つは、受給者が自立して生活できるよう支援することです。したがって、世帯が抱える問題、世帯の生活状況、現在の収入の状況などを細かく把握するとともに、自立の後押しができるように担当のケースワーカーが家庭を実際に定期的に訪問し、直接面談を行うことにより、その現状を知るのは極めて大事なことです。

　生活保護の受給を受けている側も、チェックされているという意識を持つだけでなく、自分ではわからない各種申請の方法を尋ねたり、自立のために問題になっていることや、就労で悩んでいることなどを積極的に相談してみたりするべきでしょう。

訪問の頻度はどの程度なのか

　厚生労働省の通達である「生活保護法による保護の実施要領について」によると、家庭訪問は少なくとも1年に2回以上、入院入所訪問は少なくとも1年に1回以上行い、生活状況を実際に調査するとしているため、それに基づいて訪問計画が実施されます。

　実際の訪問頻度は1か月から6か月の間に1回程度となることが多いようですが、このように訪問頻度に幅があるのは、生活保護受給者によって状況が異なり、指導が必要と思われる者に対しては、それだけ頻繁に訪問し、必要な指導を行っているからです。訪問の際には実際の生活状況を見るため、事前に連絡が来ることはほとんどありません。ケースワーカーの勤務時間は、通常午前9時から午後5時までとなっているため、おおむねこの時間帯に訪問を受けます。早朝や夜の

第5章　生活保護のしくみと申請手続き　169

遅い時間帯に訪問されることはほぼないと考えてよいでしょう。

どんな指導をするのか

　受給者ごとに、生活保護に至った理由や生活状況などが異なりますので、指導の内容が画一的に決まっているわけではありません。ただし、健康上の問題があり仕事ができないという理由で生活保護を受けているにもかかわらず、訪問しても留守が多かったり、申告していない収入があったりした場合は、厳しく調査され、問題があれば厳しい指導も考えられます。通院している場合は、直接医療機関を訪問して調査することもありますので、虚偽報告や申告漏れなどがないようにしなければなりません。何度か指導を受けたにもかかわらず、指導内容に応じない場合は、生活保護が停止されたり廃止されたりする可能性があることを十分に心にとめておく必要があります。

　また、働ける状態にある受給者には就労指導が行われます。ハローワークで積極的に求職活動をしている場合は、データベースで検索をしたり、窓口で職員の指導を受けたりしているはずです。家庭訪問などの際は、その記録を見せる必要が出てくることもあるようです。

指導が不適切な場合もある

　保護者に自立を促すあまり、不当な発言や不適切な指導を行ってしまうケースも少ないながらあるようです。ケースワーカーも法律に基づいて指導しているわけですから、個人の勝手な判断や価値観だけで指導してよいわけではありません。

　不適切な指導が続くようであれば、「福祉事務所に対して指導内容の問い合わせをする」「指導内容を書面にしてもらい、そこに署名を求める」といった方法で、指導内容についての客観的な証拠を残し、第三者にも不当な指導内容を確認してもらえるようにしましょう。

11 福祉事務所に相談する

相談から保護が決定されるまでの流れをつかんでおく

現在住んでいる場所の福祉事務所に申し立てることができる

　どんな理由があろうとも、生活に困窮して最低限度の生活を維持できなくなり、生活保護について相談したいと思った場合は、まず、生活保護に関する役所の相談窓口である福祉事務所（あるいは福祉担当課）に行きます。

　福祉事務所とは、社会福祉法で設置が要求されている「福祉に関する事務所」のことです。生活保護法、児童福祉法、母子及び父子並びに寡婦福祉法などで定められている援護、育成などに関する事務の処理を担当します。福祉事務所の多くは市区町村役場の中に設置されているため、たいていは市区町村役場に行って確認すれば、どのようにしたらよいのかを教えてもらえます。

　ただ、住民票のある市区町村と今住んでいる市区町村が異なる場合もあるでしょう。その場合、生活保護法では、実際の居住実態を優先することになっているので（現在地主義）、今住んでいる場所の市区町村役場に行けばよいことになります。また、野宿や路上で生活する人の場合も、本人が現にいる場所の市区町村役場の福祉事務所に行けばよいことになります。

　福祉事務所の受付で生活保護の相談に来たことを伝えると、窓口の人から相談カードが渡されるので、それに必要事項を記入します。具体的には、住所、氏名、相談したい内容、本籍地などを記入します。特定の住まいがない場合は、住所の欄は空欄にしておきます。

　記入した相談カードを受付に提出すると、相談担当者は、過去にあなたが相談に来たことがあるか、そのときはどのような用件で、どの

第5章　生活保護のしくみと申請手続き　171

ような結論が出たのか、などの履歴を調べた後に面談を開始します。

　福祉事務所で生活保護制度の運用を担当し、社会福祉法に規定されている「援護、育成又は更生の措置に関する事務」と言われる、いわゆる現業事務を担当する「現業を行う所員」（現業員）のことを、一般的にケースワーカーと呼んでいます。ケースワーカーは「社会福祉主事」の資格を持っていることが必要とされています。

　いずれにしても、市区町村の福祉事務所では、ケースワーカーと呼ばれる人が相談者の話を聞いて、一緒に解決策を考えてくれます。このとき、ウソをついたり、隠しごとをしたりせず、なぜ困窮するような生活を送る状況に至ったのかを、誠意をもってはっきりと正確に説明する必要があります。生活保護を受ける上では、担当のケースワーカーとの信頼関係を築くことが重要です。最初からウソをついているようでは、生活保護を受けることは難しくなります。

　ケースワーカーが相談者の話を聞いて、生活保護を受ける必要がありそうだと判断すれば、申請書を渡してくれるので、必要事項を記載して提出します。その後、家庭訪問や資力調査（ミーンズテスト）を経て、生活保護を適用するかどうかが決定されます。

　なお、生活保護を受ける必要があるにもかかわらず、福祉事務所が申請書を渡してくれない（申請をさせない）こともあります。その場合に備えて、自分で申請書を作成して提出する方法があります。

ケースワーカーは必ずしも頼れる存在とは限らない

　生活保護を申請しようと福祉事務所を訪れた際に、対応してくれるのがケースワーカーです。生活保護を受給している間も、受給者を指導したり、受給者の相談に乗ったりします。つまり、ケースワーカーは、生活保護の窓口担当者であり、受給者の世話係です。生活保護を受けることになった場合、ケースワーカーは生活保護から抜け出すための良いパートナーであると認識し、担当のケースワーカーと信頼関

係を築く努力をしなければなりません。

　しかし、ケースワーカーも役所の公務員の一人であるという側面があることを忘れてはいけません。辞令によって希望に反した形で福祉事務所に配属されている人も多いようです。つまり、熱心に福祉に関する専門的な勉強をしているケースワーカーばかりではないのです。

　したがって、生活保護の申請に行くときは、ケースワーカーに頼りきりになるのではなく、憲法25条の「健康で文化的な最低限度の生活を営む」という国民の権利である生存権を強く求める、という姿勢も必要になってきます。

　しかし、高圧的な姿勢になったりする必要はまったくありません。ケースワーカーは生活に困窮した国民を助けるのが仕事ですから、申請者としては、言うべきことはしっかりと言い、聞くべきところは素直に聞く、という態度で真摯に相談をすれば、粗略な対応をされることなく、相談に乗ってもらえるでしょう。

■ 福祉事務所への生活保護の申請

住民票の居住地と実際に住んでいるところが違う場合、どこで生活保護を申請するのか

⬇

実際の居住実態を優先する（現在地主義）

⬇

実際に住んでいるところの福祉事務所で申請する

※野宿や路上で生活する人は現にいる場所の福祉事務所

第5章　生活保護のしくみと申請手続き　173

12 福祉事務所に行く際に知っておくべきこと

仕事を探しているが見つからないことを示す必要がある

仕事がないことをわかってもらう

　いくら探しても自分のできる仕事がなく、預貯金も底をついてきているので、やむを得ず福祉事務所に行っても、簡単には生活保護を受けることができません。本当に仕事がないことをケースワーカーに理解してもらい、生活保護を受けるのは至難の業です。生活保護を受ける資格があるのかどうかを判断するのは福祉事務所ですから、仕事探しを尽くしたにもかかわらず、仕事を見つけることができなかったという現在の状況を、何としても理解してもらわなければなりません。

　さらに、現在は本当に困窮しているから生活保護を申請したいが、将来的には仕事に就いて自立した生活をするつもりであることを示せれば、なおよいでしょう。これは「就労自立」と呼ばれています。就労自立とは、保護費以上の収入が得られるようになったため、福祉事務所が生活保護を廃止することです。「生活保護を廃止した後、また生活に困窮してしまったら、どうしたらよいのか」という危惧を抱いてしまうかもしれませんが、この場合は、生活保護を再申請することができます。福祉事務所のケースワーカーなども、「この人は、本当に困窮したときにだけ、生活保護を必要とするのだな」と理解してもらえますから、再申請の際にはこれがプラスとなるでしょう。

年齢と仕事は関係あるのか

　一般的に、働き盛りの年齢では、生活保護を受けることができないと思われているようです。たとえば、65歳以上の高齢者や、介護を必要とする程度の大きな障害を抱えている人は、働くことができないの

も納得してもらいやすいといえます。これに対し、生活保護の申請者の年齢が若く、特に大きな障害を抱えているわけでもないときは、まずは本人の能力に応じた労働を行うことや、仕事を探す努力をすることが求められます。とりわけ15歳から64歳までは「稼働年齢層」と呼ばれており、この年齢層に該当する人は、働くのが当たり前とされています。したがって、稼働年齢層に該当する人が生活保護を受けるのは難しい、というのは否定できない現実です。

しかし、働く能力を持つ人と持たない人を線引きするのは、そう簡単なことではありません。たとえば、稼働年齢層に該当する人であったとしても、長年にわたり働いていない場合や、住所を持たない状態であれば、仕事を見つけることも困難であるのが現実です。

最近は、若年層の未就労者の生活保護申請をどう判断するのかが問題となっています。働くことができないわけでもないのに、生活保護の受給を許してしまうことは、その人の自立を妨げてしまうことにもなりかねません。その一方で、まずは仕事を見つけるための努力をするといっても、どの程度の努力をすることを指すのかが、具体的に示されているわけではありません。その判断は個々の福祉事務所にまかされているのです。仕事が見つからないことについてやむを得ない状況があれば、稼働年齢層に該当する人であっても、生活保護の受給が決定されることもあるため、申請をあきらめてはいけません。

仕事探しをしていることを証明する

あらゆる手を尽くして、仕事を探したかどうかを見分ける判断基準は、実際には存在しません。そこで、「何をどうやっても、仕事を得ることができなかった」と言って、職員に泣き落としをかけて生活保護を受けることも不可能ではありません。

しかし、ここでお勧めしたいのは、仕事探しについて詳細に記録しておく方法です。ハローワーク（公共職業安定所）に何回足を運んだ

第5章　生活保護のしくみと申請手続き　175

かなどのデータを、その年月日も含めて記録したノートを職員に見せれば、「仕事が見つからない」ことの証明となります。さらに、ハローワークで作成したハローワークカードも確実な証拠ですから、大事に保存しておくようにします。

　実際に仕事の面接を受けた場合は、その会社名、住所、面接日、面接の簡単な内容、面接の結果、備考などをわかりやすく一覧表にしておくと、さらに説得力が出ます。備考の欄には、「ハローワークの求人票では社会保険完備となっていたが、面接では違う条件を示された」など、どうして面接に通らなかったと考えるか（内定を得られなかった場合）、あるいは、なぜその会社を選ばなかったのか（内定を得られた場合）についての説明を入れておきましょう。

仕事に就いている人もあきらめない

　仕事をしていても生活保護を受けることはできます。たとえば、朝から晩まで働いても最低限度の生活をしていくための収入を稼ぐことができない場合は、生活保護を受けることができます。近年、日本の雇用形態は大きく変化しており、契約社員や派遣社員、アルバイトなどの比率が上がっているのに対し、正社員の比率は下がってきています。このような状況では、アパートの家賃も満足に支払えない仕事で我慢するしかない人もいるため、仕事に就いていても生活保護を受けることができるような配慮がなされています。

■ 仕事を探していることの証明

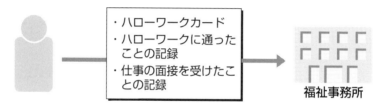

13 障害のある人が生活保護を受けるにはどうする

支援制度で足りなければ生活保護の申請をする

身体障害、知的障害、精神障害で認定方法が違う

　生活保護は、自分の財産や親族の援助、他の法律や施策による支援をすべて利用しても、なお生活に困窮している場合に、足りない部分を補うための制度です。したがって、何らかの障害がある場合は、生活保護を受ける前に、障害者認定を受け、障害年金を利用することを考えます。障害者認定を受ける方法は、身体障害、知的障害、精神障害で異なります。身体障害や知的障害は、福祉事務所などの担当窓口を通して、身体障害者手帳や療育手帳（「愛の手帳」「みどりの手帳」といった別の名前で呼ばれている場合もあります）の交付を申請します。精神障害は、保健所（自治体によっては市区町村役場の窓口）を通して、精神障害者保健福祉手帳の交付を申請します。なお、障害年金は別途、年金事務所で申請します。

障害者加算とは

　生活保護の基準額の計算にあたり、出費の増加が見込まれる特別な状況にある場合は、基準額を加算する制度（加算制度）があります。
　加算制度には、妊産婦加算、障害者加算、介護施設入所者加算、在宅患者加算などがあります。このうち障害者加算は、障害の程度別に加算額が定められており、在宅であるか、それとも入院・入所をしているかによっても加算額が異なります。

収入のある場合はどうなる

　支給される保護費（生活保護費）の額は、世帯の状況に応じて算出

第5章　生活保護のしくみと申請手続き　177

した最低生活費から収入分を差し引いた金額になります。収入がある場合は、すべてを申告しなければなりません。ただ、申告した収入のすべてが差し引かれるわけではなく、就労によって得た収入のうちの一部は控除（勤労控除）されて手元に残ります。また、慶弔金などの臨時収入は収入として認定されず、全額が手元に残ります。年金や障害者手当、親族などからの仕送りは、通常は全額が収入として認定されますが、一部収入として認定されない手当もあります。

医療費助成制度との関係はどうなる

　生活保護を受けている場合、医療費の自己負担分は医療扶助で全額まかなわれるのが原則です。もっとも、生活保護の他に利用できる医療費助成制度があれば、まずはそちらの制度を利用することとされています（他法他施策の活用）。

　しかし、医療費助成制度の中には、国民健康保険や後期高齢者医療制度のように、生活保護受給者を制度の対象外としていることがあります。この場合、生活保護受給者は制度から脱退したことになりますが、医療費については医療扶助で全額まかなわれます。

相談や申請手続きではどんなことを知っておくべきか

　福祉事務所の相談窓口へ相談に行く際は、自分が困窮している状況を示すためのメモや書類をできる限り用意しましょう。具体的には、障害者認定の書類、年金・手当に関する書類、保険証などです。一人で相談するのが不安なときは、信頼できる第三者に同行してもらいましょう。相談時に第三者の同席を断られることがあるかもしれませんが、慌てずに同席してもらいたいという意思を伝えるようにするとよいでしょう。

　親元にいた障害者が生活保護を受けて一人暮らしを始めようとする場合などは、親を相談窓口へ連れてくるように言われることがあります。相談を受ける担当者としては、親族から今までの状況や今後の援

助の意思などについて確認しておきたい、という考えがあると思われますが、親を連れてくる必要性に疑問を感じる場合は、担当者にはっきりと理由の説明を求めるとよいでしょう。

▌障害福祉サービス、介護保険と生活保護の関係は

　障害者の支援を目的とした福祉サービスに、障害者総合支援法による障害福祉サービスがあります。居宅での介護、同行援護、ショートステイ、グループホームでの共同生活援助といった障害福祉サービスがあり、利用者は、これらのサービスの中から必要なものを組み合わせて利用することになります。

　障害福祉サービスを利用した場合、費用の一部を利用者が負担することになります。利用者の自己負担額は最大でも利用料の1割ですが、世帯収入などによる軽減措置が定められており、生活保護世帯では自己負担は不要です。

　また、加齢に伴ってだれかの手助けが必要になった場合に利用できる制度として介護保険があります。生活保護受給者が介護保険の被保険者（65歳以上の第1号被保険者）であった場合、介護保険の給付対象となるサービスについては、介護保険を生活保護の介護扶助よりも優先して適用することになっています（利用者負担分のみを介護扶助で支給）。ただし、介護保険に加入できない場合（40～64歳の第2号被保険者）は、介護扶助で全額支給されます。

■ 加算制度 ‥‥‥‥‥‥‥‥‥‥‥‥‥‥‥‥‥‥‥‥‥‥‥‥‥‥‥‥

加　算	出費の増加が見込まれる特別な状況にある場合、加算が行われる
生活保護費	※障害者加算の場合、障害の程度、在宅・入院・入所のいずれであるかにより加算額が異なる

第5章　生活保護のしくみと申請手続き　179

14 病気やケガをした場合の生活保護について知っておこう

若くても生活保護申請はできる

病気をきっかけに生活保護の申請をすることもある

　生活保護の開始理由は、病気やケガが最も多くなっています。働いていた人が病気やケガをすると、医療費がかかるだけでなく、最悪の場合、仕事を辞めざるを得なくなり、収入がゼロになりますから、生活に困窮することが容易に想像できます。

　生活保護は、生活に困窮する国民であればだれでも申請できますが、福祉事務所で相談すると、病気やケガをした場合でも「若いから働けるはず」「ハローワークに行ってください」などと言われ、申請させてもらえないことが多いようです。生活保護の申請は、決してハードルは高くないはずなのですが、福祉事務所が不当に高いハードルを設けていることが多いのが現実のようです。まずは何とかしてこのハードルを乗り越え、申請を受理してもらわなければなりません。

　そのためには、現在の状況を説明するための資料を持参することが有効です。病気や検査結果に関する資料やメモ、医療費のわかる領収書や請求書、給与明細3か月分、家賃がわかる書類、預貯金通帳、公共料金の領収書などを持参して、それを見せながら、現在生活に困窮している状態を説明するようにしましょう。

　なお、福祉事務所が申請用紙を渡さない場合、便せんなどの書面に所定の記載事項（160ページ）を記入して申請することも可能です。

入院費が支払えない場合には

　健康保険（国民健康保険や被用者保険）に加入していなかった人が、突然の病気やケガで入院が必要になった場合、入院費の支払いに困る

ことが想像されます。その場合、医療相談員やMSW（メディカル・ソーシャル・ワーカー）に相談します。ほとんどの入院設備がある病院には、患者やその家族の心理的、経済的、社会的な相談に対応するための医療相談室が設置されており、医療相談員やMSWはここに待機していますから、遠慮なく相談をしましょう。

医療相談員やMSWを通すと、スムーズに福祉事務所の関門を通り抜けることができることが多いようです。ただ、入院していなくて通院で治療を受けている場合は、事情が少し変わってきます。「仕事もなく治療費を払うお金がないから、生活保護を受けたい」と福祉事務所に相談すると、医師の診断書をもらってくるように指示されます。

退院後も生活保護が必要かどうかは医師の診断などで決まる

福祉事務所は、その人に生活保護を受ける資格があるかどうかを判断する際に、医師の診断を重視します。医師が「申請者はまだまだ働ける」という見立てをしたときは、ほとんどの場合、生活保護を受けることができなくなるでしょう。医師も人間なので、時には診断と現実にギャップが生じることもあります。できれば、あらかじめ医師に相談し、どうしても働けない理由と、働けるという診断をされると生活保護が受けられないことを説明しておくとよいでしょう。

また、退院の見通しが立ったら、福祉事務所の担当者に訪問してもらうとよいでしょう。退院後も生活保護が必要であるならば、主治医も交えた三者間で、病状や退院後における通院の期間や頻度の見通しを踏まえ、望ましい療養環境（住居のこと、仕事の可否、仕事をする場合のペースなど）について確認しておくと安心です。

退院後、療養のためにアパートを借りるのか、その他の施設で生活するのかは、本人の希望や状況、主治医の意見なども踏まえて決定されるべきです。しかし、福祉事務所によっては、本人と十分な相談をせずに、担当者が退院先を宿泊所などに決めてしまうことがあるよう

第5章　生活保護のしくみと申請手続き　181

です。アパートを借りたいのであれば、退院後どうするかについて担当者に聞かれるのを待っているのではなく、自ら担当者を呼び、主治医も交えてアパート入居の必要性を積極的に訴える必要があります。

生活保護受給中は医療費の自己負担をしなくてよい

　生活保護を受けると国民健康保険に加入できなくなりますが、生活保護法による医療扶助を受けられるようになります。この場合、国民健康保険証の代わりに福祉事務所に医療券を発行してもらうことで、病院にかかることができるようになり、医療費の自己負担がなくなります。自己負担がなくなると聞くと「得をしている」ように思えますが、実際には非常に不便な側面があります。

　まず、医療券は1つの医療機関につき1枚が発行され、月が変わるごとに新たな医療券を病院に持参する必要があります。継続して同じ病院に通院が必要な場合、医療券は福祉事務所から直接病院に送付されます。したがって、通院する病院が変われば、その病院に通うために新たに医療券を発行してもらう必要があります。

　また、医療券を使用できるのは生活保護法による指定を受けた病院に限られており、すべての病院で利用できるわけではありません。指定を受けていないことが多い歯科などに通院したい場合は、多少の不便を感じるかもしれません。さらに、家族がそれぞれ別の病院に通院する必要があれば、そのつど福祉事務所で医療券を発行してもらわなければなりません。そのことが心理的、物理的に負担になる場合がありますし、保険証の提出を求められた場合などは、どうしても周囲の視線が気になってしまうこともあるでしょう。このように、医療扶助を受けられるようになっても、苦労することは多いのです。

うつ病の場合に生活保護を受給できるか

　生活保護は他に手立てがなく、生活が立ち行かなくなった人を最後

に救済する制度なので、まずは他のすべての救済方法を検討するのが先になります（他法他施策の活用）。まず、本当にうつ病になり働けない状態にある場合、雇用保険の基本手当（32ページ）の受給はできませんが、雇用保険の受給中にうつ病になってしまったのであれば、雇用保険の傷病手当を受給できる可能性があります。働けない状態が15日以上になる場合は、雇用保険の傷病手当を受給する（雇用保険の傷病手当を受給する）ことができるので、傷病手当を受給できる期間はそちらを優先します。

　また、在職中に病気やケガが原因で連続3日以上欠勤した場合は、4日目以降の欠勤日が健康保険の傷病手当金の対象になります。申請は退職後でも受け付けられ（ただし、退職日に現に傷病手当金を受けているか、受けられる状態の場合に限ります）、実際に支給されることになれば、通算して1年6か月間受給できます。退職後受給の場合は社会保険に1年以上加入していることといった要件はありますが、検討してみるとよいでしょう。うつ病などの場合は、自立支援医療（医療費の自己負担額の軽減を目的とする障害者総合支援法の医療費負担制度）や、年金制度の障害年金を受給できる可能性もありますので、通院している医療機関で相談してみるとよいでしょう。

　以上のような制度を利用できないときに、初めて生活保護の申請を検討することになります。

■ MSWを通した申請 ･････････････････････････････

申請を通すのが難しい

福祉事務所

MSWを間に挟むと申請が
通りやすくなることもある

福祉事務所

第5章　生活保護のしくみと申請手続き　183

公園や路上、橋の下や駅の構内などで野宿生活をしていても生活保護は受けられるのでしょうか。

ホームレスとは、狭い意味では、公園や路上、橋の下や駅の構内などで日常生活を営んでいる野宿生活者を指します。

生活保護を申請する権利は、生活に困窮しているすべての国民に認められ、困窮に至った理由は問いませんが、残念ながら、福祉事務所へ相談に行くと、「住所がなければ申請は無理」などと言われ、申請書すらもらえないケースがあるようです。

しかし、申請の拒否は本来違法です。「借金があると受給できない」「困窮したのは自分の責任だから受給できない」というのも間違った認識です。生活保護を受給できるかどうかは、申請を受けてから調査すべきであり、福祉事務所に申請を門前払いする権限はありません。不当に申請を拒否された場合は、相談の際に野宿生活者を支援するボランティア団体の人など、第三者に同席してもらうと効果的です。

●生活保護が受給できた場合に知っておくこと

生活保護受給中の野宿生活者が入院すると、生活保護から医療費などをまかなうことができます。退院後の生活は、本人と福祉事務所の担当者が主治医の意見も聞きつつ相談して決めるべきですが、入院中から福祉事務所の担当者や主治医と相談しておくとよいでしょう。

野宿生活者は生活保護を受けつつ仕事を見つけて生活を立て直し、自立した生活に戻るのが望ましい形です。しかし、実際には、保護開始時や退院時に、自動的に野宿生活者を更生施設や宿泊所などへ入居させる例が多いようです。更生施設や宿泊所は、アパートなどに入居できる状況になるまでの限られた期間だけ利用する施設です。ただ、福祉事務所の説明やサポート体制が不十分なため、入居が長期化するケースが多々あります。生活保護を受けている側から、将来の見通しについて希望を伝えたり、質問をしたりする姿勢が大切です。

Q 日本国籍を持っていなくても生活保護を受給できるのでしょうか。

A 出入国在留管理庁（法務省）によると、令和6年6月末現在における在留外国人数は約359万人であり、その中で生活保護を必要とする者も当然出てくるでしょう。

もっとも、外国人は生活保護法の適用対象とならず、「生活に困窮する外国人に対する生活保護の措置について」という通知（昭和29年5月8日：厚生省社会局長通知）に基づき、当分の間、生活に困窮する外国人に対し、わが国の国民に対する生活保護の決定実施の取扱いに準じて必要と認める保護を行う（準用保護）とされているのみです。細かい規定は存在しませんが、実態としては、在留資格が「永住者」「日本人の配偶者等」「永住者の配偶者等」「定住者」「特別永住者」の人が生活保護を利用できます。出入国管理及び難民認定法による難民と認定された人も利用できます。しかし、在留資格が上記のもの以外の人や、そもそも在留資格のない人は、準用保護の対象ではなく、生活保護は利用できません。

前述の通知によると、外国人が生活保護を申請する場合、現在地がどこであるかに関係なく、在留カードまたは特別永住者証明書に記載された住居地を管轄する福祉事務所で行う必要があります。外国人に対する保護の実施責任が、在留カードまたは特別永住者証明書に記載された住居地により定められるからです。この点は、日本人による生活保護の申請が現在地主義を採用しているのとは異なります。

以下では、どのような取扱いがなされるかを見ていきます。

① **日本人と結婚（婚姻）している外国人**

通常であれば、結婚すると在留資格を日本人の配偶者等に変更できるため、生活保護を利用できます。ただ、オーバーステイの外国人が結婚した場合は、日本人の配偶者等の在留資格を得るために在留特別

許可の手続きが必要で、日本人の配偶者等の資格の取得にかなりの年月がかかります。したがって、日本人の配偶者等の資格が得られるまでは、日本人の配偶者と子どもだけが生活保護を利用できます。

② **日本人の夫と別居している外国人妻**

日本人の配偶者等の在留資格がある間は、生活保護を利用できます。在留期限が到来したとき、日本人の夫の協力がないと資格を更新できないかもしれません。ただ、日本人の子どもを養育していれば、通常は定住者の在留資格に変更できるため、生活保護の利用は可能です。

③ **配偶者と離婚・死別した場合**

在留期限までは生活保護を利用できます。在留期限が到来する前に、生活保護の準用が認められる他の在留資格に変更できれば、期限後も生活保護の利用が可能になります。たとえば、日本人の子どもを養育している場合、「定住者」の在留資格への変更が可能です。

④ **結婚した相手も外国人の場合**

保護の対象となる在留資格があれば、生活保護を利用できます。

⑤ **特別永住者**

特別永住者であれば、生活保護は問題なく利用できます。

⑥ **難民**

日本は難民認定の要件が大変厳しいですが、難民であると認定されていれば、生活保護は問題なく利用できます。

⑦ **準用保護の対象でない外国人**

生活保護は受給できないとされています。もっとも、外国人への生活保護については、国の制度として明確にされているわけではなく、外国人への生活保護を法律によって明確に禁止しているわけでもないため、各自治体の裁量によって決められる場合もありますので、申請を希望してみるのがよいでしょう。

15 その他の申請についての注意点

申請が通らなかったときは審査請求で争う方法がある

申請後に調査が行われる

受理された申請書に基づいて、ケースワーカーが申請書の内容を調査し、情報を収集します。ここで集められた情報などを基に、福祉事務所長の決裁を経て、生活保護を適用するかどうかが決まります。

ケースワーカは、地区担当員とも呼ばれており、地区ごとに担当が決まっているので、住んでいる地区のケースワーカが、必要に応じて助言や支援をしてくれるようになります。

資力調査（ミーンズテスト）とは

提出された申請書類に基づいて、申請者の世帯に対して生活保護を適用するのが妥当なのかどうかを調査するのが資力調査（ミーンズテスト）です。地区担当員（ケースワーカー）は、金融機関などへの資産調査、扶養義務者への調査、健康状態調査などを行います。

申請者の家庭への訪問調査も地区担当員が行います。申請書に記載された場所に住んでいるか、申請者がどんな人であるのかを確認する作業です。また、申請者が病気を理由に生活保護を申請している場合には、福祉事務所が、その申請者に対して医師の検診を受けるように命じることもあります（検診命令）。

なお、前述の調査に協力的でない場合、生活保護を適用するための資料が集まらず、要件を満たさないことを理由に申請が却下される可能性が高まります。円滑に生活保護を適用してもらうためにも、調査には協力するのが賢明です。

第5章 生活保護のしくみと申請手続き 187

緊急払いを求めることもある

　生活が困窮しているから生活保護を申請するわけですから、生活保護の決定が出るまでの期間（原則として申請日から14日以内）も悠長に待っていられないケースもありす。そのために「緊急払い」という制度を置いている福祉事務所があります。生活が逼迫し、どうしようもない状態のときは緊急払いを求めるのがよいでしょう。

　なお、緊急払いで支払われたお金は、あくまで緊急のものなので、生活保護を受けた場合は、保護費から差し引かれます。

審査請求をする場合の手続き

　受理された生活保護の申請が通らなかった（生活保護の申請が却下された）ことについて納得できない場合、申請の却下について争う制度として「審査請求」があります。一般には、生活保護の申請を却下した福祉事務所の上級行政庁である都道府県知事に対して、不服を申し立てることになります。

　審査請求については、処分があったことを知った日（生活保護の却下の決定を知った日）の翌日から起算して3か月以内に行わなければなりません。なお、処分があったことを知らず、処分があった日から1年を経過したら、審査請求できなくなります。審査請求書を作成するには、生活保護法の知識が必要であるため、生活保護の制度に詳しい者の協力が不可欠でしょう。

　また、審査請求があった場合、申立てを受けた都道府県知事は、50日以内に裁決をすることになっています。すぐに生活保護の受給を望んでいても、ある程度の時間がかかると覚悟しなければなりません。

　なお、都道府県知事の裁決に不服のある人は、裁決があったことを知った日の翌日から起算して1か月以内に限り、厚生労働大臣に「再審査請求」ができます。再審査請求が行われた場合は、70日以内に厚生労働大臣による再審査請求に対する裁決が行われます。

16 生活保護にはどんな種類があるのか

文化的な生活を営むことが保障されている

生活保護のイメージを変えよう

ニュースなどの報道により生活保護への関心が高まっている一方で、ネガティブなイメージを抱いている人も多いかもしれません。生活保護世帯は極貧という印象を持ち、特殊な人しか生活保護の対象にならないと思っている人もいます。たとえば、「母子家庭でなければならない」「年金をもらっていると保護の対象とならない」などといった思い込みです。

憲法25条において、「すべての国民は、健康で文化的な最低限度の生活を営む権利を有する」と示されており、それに基づき、生活保護制度は、国が困窮の程度に応じ必要な救済を行い、自立を支援することを目的としています。つまり、ただ命が保障されている程度の生活保障にとどまらず、あくまでも「健康で文化的な」生活を送ることが保障されているのです。

しかし、実際には保護を必要としているにもかかわらず、生活保護を受けていない世帯や、生活保護制度の存在自体を知らない人も多いのが現実です。そのため、生活保護の対象となる最低生活費を下回る収入で暮らしている世帯の1割程度しか生活保護を受けていないともいわれています。

生活保護の種類

生活保護には、生活扶助、住宅扶助、教育扶助、介護扶助、医療扶助、出産扶助、生業扶助、葬祭扶助という8種類の扶助があります（次ページ図）。それぞれの世帯の生活実態に応じて、国（厚生労

第5章　生活保護のしくみと申請手続き　189

働省）が定めた基準があり、その基準額の範囲内で必要と認める扶助が行われます。扶助は居宅での金銭給付によって行うのが基本ですが、介護扶助や医療扶助は、指定医療機関や指定介護施設などに委託して医療や介護を提供するという現物給付を原則としています。また、居宅での金銭給付によっては保護が難しい場合には、保護施設への入所という方法がとられることもあります。

　8種類の扶助の中で重要なのは、食べるもの、着るもの、電気・ガス・水道などの日常生活を支えるための生活扶助です。詳しくは193ページで見ていきますが、生活扶助が生活保護費の基本となります。

地域によって最低生活費が異なる

　最低生活費は地域によって異なります。たとえば、東京都内では物価も高いため、その分家賃や生活費もかかりますが、地方では家賃が安く、東京都内ほど生活費がかからないといえます。このような地域の違いを考慮しないで最低生活費を定めると、実態にそぐわないものになりかねません。

■ 生活保護の種類

生活扶助	食べ物、衣類、光熱費など日常の暮らしの費用
住宅扶助	家賃、地代などにかかる費用
教育扶助	義務教育（給食費、学級費、教材費などを含む）に必要な費用
介護扶助	介護に必要な費用
医療扶助	医療にかかる費用（メガネ、コルセットなどを含む）
出産扶助	出産に必要な費用
生業扶助	自立に必要な技能を習得するための費用
葬祭扶助	葬祭にかかる費用

そこで、物価や消費水準の違いに応じて、最低生活費の算定基礎となる生活保護基準（保護基準）をいくつかの段階に分けて、その段階ごとに生活保護基準を定めることにしました。この段階のことを「級地」といい、所在地に応じて「1級地-1、1級地-2、2級地-1、2級地-2、3級地-1、3級地-2」の6つに区分されています。この級地の違いにより基準額（生活保護基準額）も異なっています。

級地の目安として、たとえば、「1級地-1」は、東京23区、大阪市、名古屋市などの大都市になります。下図に地域の級地区分の代表例をあげましたが、詳しく知りたい場合は、各都道府県または各市区町村の生活保護担当課に確認してみてください。

なお、本書は、193ページ以降に各扶助の基準額などを掲載していますが、掲載している基準額は、令和5年10月から適用されている基準額です。ただし、同じ「1級地-1」に分類されていても、住宅扶助の金額など、地域によって金額が異なることはあるようです。

■ 主な地域の級地区分 ……………………………………………

1級地-1	東京都……区の存する地域、八王子市、立川市、町田市他 神奈川県……横浜市、川崎市、鎌倉市、藤沢市他 愛知県……名古屋市　　　　京都府……京都市 大阪府……大阪市、堺市他　　兵庫県……神戸市、尼崎市他 埼玉県……川口市、さいたま市
1級地-2	宮城県……仙台市　　　　　　　北海道……札幌市、江別市 福岡県……北九州市、福岡市　　広島県……広島市他
2級地-1	青森県……青森市　　新潟県……新潟市　　熊本県……熊本市
2級地-2	茨城県……日立市、土浦市他　　愛知県……東海市、豊川市他 福岡県……大牟田市、太宰府市他
3級地-1	岩手県……宮古市、花巻市他　　山口県……萩市、光市他

※令和6年4月1日現在のものを掲載

第5章　生活保護のしくみと申請手続き　191

扶助の全体像

190ページで生活保護の8つの扶助について確認しましたが、ここでは、下図において8つの扶助の全体像を示しています。

8つの扶助のうち「出産扶助、生業扶助、葬祭扶助」は、該当する事由が発生したときに限り、臨時的に適用されるという性質を持っています。このため、通常の最低生活費は「生活扶助、住宅扶助、教育扶助、介護扶助、医療扶助」の合計によって構成されます。

■ 扶助の全体像

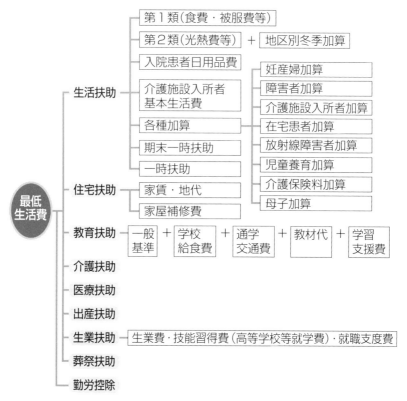

※厚生労働省社会・援護局保護課「生活保護制度の概要等について」（令和3年4月27日）を基に作成

17	# 生活扶助について知っておこう

令和5年10月に生活扶助基準額が改定された

生活保護制度と生活扶助

　生活保護制度は、世帯の実際の収入が最低生活費より少ない場合に、その不足分を支給するものです。憲法25条において「すべての国民は、健康で文化的な最低限度の生活」を送ることが保障されています。この規定に基づき、生活に困った世帯に生活保護が支給されています。

　最低生活費とは、生活保護基準で示されている世帯の構成人数や地域などの条件を考慮し、個々の世帯で必要な金額を算出したものです。生活保護の最低生活費は地域によって異なります。たとえば、一人暮らしの場合、最低生活費は10万円から13万円程度となっています。

　生活保護費の内訳は、「生活扶助」「各種扶助」「各種加算」で構成されています。「生活扶助」は、食費や衣服費、光熱水費などの日常生活を満たす目的で行われる扶助です。「各種扶助」は、家賃などの住宅維持を援助するための「住宅扶助」、子どもの義務教育の就学に必要な教科書、給食、交通費などを援助する「教育扶助」などが含まれます。「各種加算」には、一定の障害がある人に対する「障害者加算」、子どもの健全育成に関わる費用に対する「児童養育加算」などがあり、状況に応じて加算されます。

生活扶助基準額の算出方法

　生活扶助は、前述したように、衣食や光熱水費などの基本的な生活費を満たすための扶助です。生活扶助の基準となる生活費（生活扶助基準額）は、世帯の人数や年齢、居住地などの条件により定められます。

　なお、生活扶助基準額は一般所得世帯の消費実態などとの均衡を図

第5章　生活保護のしくみと申請手続き　193

るため、定期的に検証・改定が行われています。直近では、令和5年10月に改定が行われました（令和6年4月にも、ごく一部の改定が行われました）。令和5年10月の改定は、物価高騰などを踏まえた臨時的・特例的な措置として、当面2年間（令和5～6年度）は、現行の保護基準を維持するための改定です。令和5年10月以降の生活扶助基準額は、196ページの表および計算式に従って算出されます。

以下、生活扶助基準額の具体的な算出方法について説明します。

・生活扶助基準（第1類＋第2類）

生活扶助基準は、飲食物費や被服費などの個人的経費である「第1類」費と、光熱水費や家具什器費などの世帯共通的経費である「第2類」費に分けられています。第1類費と第2類費の構成割合は、一般低所得世帯（勤労者3人〈夫婦子1人〉世帯）における生活扶助相当支出額の第1類費相当支出額と第2類費相当支出額の構成割合を参考として設定されています。そして、第1類・第2類は、6つの地域の等級（級地区分）によって基準額が設定されています。さらに、第1類は年齢で分けられ、第2類は世帯人数で分けられています。

つまり、第1類は世帯員の全員について、各世帯員の年齢に該当する基準額を合算し、扶助費として認定します。一方、第2類は光熱水費などの世帯共通の費用なので、世帯人数に応じて定められた金額を扶助費として認定します。なお、寒冷地に居住する場合は、冬季における光熱費などの需要が増加するため、冬季の間は地区ごとに定められた冬季加算が別途計上されます。

生活扶助基準額は、各居宅世帯員の第1類基準額を合計した後に、世帯人員に応じた「逓減率」を乗じた上で、世帯人員に応じた第2類基準額を加えて算出します。たとえば、級地区分「1級地－1」に住んでいる70歳の1人暮らしの者の場合、原則的な生活扶助基準額は、以下の計算によって7万4250円となります。

・生活扶助基準額＝（4万6,460円×1.0000＋2万7,790円）＝7万4,250円

最低生活費の算出方法

令和5年10月以降の生活保護の最低生活費は、196～197ページの表および計算式によって算出されます。具体的には、以下の【A】から【F】までの金額をすべて合計して算出します。

まず、前述の計算式によって算出した生活扶助基準（第1類＋第2類）額に、特例加算（1人当たり月額1,000円）と生活扶助本体における経過的加算を加えます【A】。

■ 一時扶助の支給額（令和6年4月以降）……………………………

住宅維持費(年額)		130,000 円以内
家具什器費 （暖房器具以外）		34,400 円以内
		（特別基準）54,800 円以内
被 服 費	布団類	再生一組につき 15,000 円以内
		新規一組につき 21,900 円以内
	平常着	15,000 円以内
	新生児衣料	55,600 円以内
	入院時寝巻	4,700 円以内
	紙おむつ等	月額 25,200 円以内
	災害時 被服費	2人まで 21,400 円以内（夏季） 38,400 円以内（冬季）
		4人まで 40,700 円以内（夏季） 65,000 円以内（冬季）
		5人 52,400 円以内（夏季） 82,600 円以内（冬季）
		6人以上 1人の増加ごとに夏季7,600円以内、 冬季 11,300 円以内で加算
入学準備金 （年額）	小学校	64,300 円以内
	中学校	81,000 円以内
就労活動促進費		月額 5,000 円

※家具什器費とは、炊事用具・食器など（新たに自活する場合などで持ちあわせがないとき）
※一時扶助の項目は、本来保護費の中でまかなうべきものとされている
※「災害時被服費」中、夏季とは4月～9月、冬季とは10月～3月のこと

第5章　生活保護のしくみと申請手続き

■ 生活保護制度における生活扶助基準額の算出方法（令和5年10月）

【 最低生活費 ＝ A ＋ B ＋ C ＋ D ＋ E ＋ F 】

生活扶助基準（第1類）						
年齢	基準額					
	1級地-1	1級地-2	2級地-1	2級地-2	3級地-1	3級地-2
0〜2	44,580	43,240	41,460	39,680	39,230	37,000
3〜5	44,580	43,240	41,460	39,680	39,230	37,000
6〜11	46,460	45,060	43,200	41,350	40,880	38,560
12〜17	49,270	47,790	45,820	43,850	43,360	40,900
18〜19	46,930	45,520	43,640	41,760	41,290	38,950
20〜40	46,930	45,520	43,640	41,760	41,290	38,950
41〜59	46,930	45,520	43,640	41,760	41,290	38,950
60〜64	46,930	45,520	43,640	41,760	41,290	38,950
65〜69	46,460	45,060	43,200	41,350	40,800	38,560
70〜74	46,460	45,060	43,200	41,350	40,800	38,560
75〜	39,890	38,690	37,100	35,500	35,100	33,110

逓減率					
1人	2人	3人	4人	5人	6人
1.0000	0.8700	0.7500	0.6600	0.5900	0.5800

生活扶助基準（第2類）						
人員	基準額					
	1級地-1	1級地-2	2級地-1	2級地-2	3級地-1	3級地-2
1人	27,790	27,790	27,790	27,790	27,790	27,790
2人	38,060	38,060	38,060	38,060	38,060	38,060
3人	44,730	44,730	44,730	44,730	44,730	44,730
4人	48,900	48,900	48,900	48,900	48,900	48,900
5人	49,180	49,180	49,180	49,180	49,180	49,180

※ 冬季には地区別に冬季加算が別途計上される。
札幌市の例：4人世帯の場合は月額22,270円（10月〜翌4月）

生活扶助基準（第1類＋第2類）

※ 各居宅世帯員の第1類基準額を合計し、世帯人員に応じた逓減率を乗じ、世帯人員に
　 応じた第2類基準額を加える。

生活扶助基準（第1類＋第2類）
＋ 特例加算（1人当たり月額1,000）＋ 生活扶助本体における経過的加算【A】

加算額【B】

	1級地	2級地	3級地
障害者			
身体障害者障害程度等級表1・2級に該当する者等	26,810	24,940	23,060
身体障害者障害程度等級表3級に該当する者等	17,870	16,620	15,380
母子世帯等			
児童1人の場合	18,800	17,400	16,100
児童2人の場合	23,600	21,800	20,200
3人以上の児童1人につき加える額	2,900	2,700	2,500
児童を養育する場合	10,190（児童1人につき）		

①該当者がいるときだけ、その分を加える。
②入院患者、施設入所者は金額が異なる場合がある。
③この他、「妊産婦」などがいる場合は、別途妊産婦加算等がある
④児童とは、18歳になる日以後の最初の3月31日までの者。
⑤障害者加算と母子加算は原則併給できない。
※ 一定の要件を満たす「母子世帯等」及び「児童を養育する場合」には、別途経過的加算（別表）がある。

住宅扶助基準【C】

	1級地	2級地	3級地
実際に支払っている家賃・地代	53,700	45,000	40,900

※ 東京都の例（単身の場合）。基準額の範囲内で実費相当が支給される。

教育扶助基準、高等学校等就学費【D】

	小学生	中学生	高校生
基準額	2,600	5,100	5,300

※ この他、必要に応じ、教材費・クラブ活動費・入学金（高校生の場合）などの実費が計上される。

介護扶助基準【E】

居宅介護等にかかった介護費の平均月額

医療扶助基準【F】

診療等にかかった医療費の平均月額

最低生活費認定額

※この他、出産、葬祭などがある場合は、それらの経費の一定額がさらに加えられる。

第5章　生活保護のしくみと申請手続き　197

一時扶助と期末一時扶助

　生活扶助には、一時扶助と期末一時扶助という制度があります。

　一時扶助とは、布団や被服、家具、入学準備金などの経費について一時的にまとまった出費が必要になったときに、その出費の理由（入学や災害など）に応じて支給されます。一時扶助には、現物給付のものもあります。令和6年4月以降の支給額は195ページの表のとおりです。期末一時扶助とは、年末年始にかけて保護を受ける者について、居宅保護や入所保護のための越年資金として、毎年12月に支給される扶助で、世帯人数別に支給の基準が設定されています。

就労活動促進費の支給

　自立による保護脱却のため積極的に就職活動をしている受給者に対しては、原則として、一時扶助として就労活動促進費（月額5,000円）が支給されています。受給するためには、自立活動確認書の作成と、福祉事務所への提出が必要です。支給期間は原則として6か月以内です。

18 その他の扶助について知っておこう

医療費は全額公費負担となるのが原則

住宅扶助・教育扶助の額

　住宅扶助とは、家賃や地代など、最低限度の生活を維持するのに必要な費用を給付する扶助です。原則として金銭による給付ですが、必要がある場合は現物給付によることもあります。住宅扶助の金額は、級地別に上限が決められています。さらに、都道府県単位で一定額を上乗せする「特別基準額」の制度もあります。家賃が特別基準額を大きく超えると転居の指導が行われます。

　教育扶助とは、義務教育（小学校・中学校）に必要な学用品、給食費などの費用の扶助です。入学準備の費用が必要な場合は、一時扶助費として入学準備金が支給されます。

医療費はかからない

　生活保護を受給している間は、医療機関の窓口で医療費を支払うことなく、必要な診察・治療・投薬などを受けることができます。これを「医療扶助」といい、原則としてすべての疾病が対象です。医療扶助は現物給付が原則です。国民健康保険に加入している者は、保険制度から脱退し、保険証を返還します。その代わりに、福祉事務所から医療券を交付してもらい、それを使って医療の提供を受けます。

　医療券は1つの医療機関につき1枚発行され、月が変わるごとに新たな医療券を病院に持参することが必要です。また、通院する病院が変われば、新たに医療券を発行してもらう必要があります。

　医療扶助は、①診察、②薬剤または治療材料、③医学的処置、手術およびその他の治療ならびに施術、④居宅における療養上の管理およ

第5章　生活保護のしくみと申請手続き　199

びその療養に伴う世話その他の看護、⑤病院または診療所への入院およびその療養に伴う世話その他の看護、⑥移送、の範囲内において実施されます。また、1か月以上の長期にわたって病院などに入院する場合、生活扶助として入院患者日用品費が支給されます。

他の法律や制度を利用した上で自己負担がある場合に限る

生活保護法の規定により、生活保護の医療扶助ではなく、他の法律や制度によって医療費が給付されるものがあれば、まずはそちらを優先させます（保護の補足性）。たとえば、健康保険法、老人保健法、精神保健福祉法などによって医療費の給付を受けることができます。このような法律や制度によって医療費が給付される範囲に対しては、生活保護の医療扶助は行われません。

医療扶助の適正化

医療扶助は、生活保護費において大きな割合を占めています。生活保護を受ける人の多くが高齢者であることや、病気やケガが原因で就労不可能な状態になっている人であることなどが、その要因となっています。また、一部の医療機関で不正請求や過大請求の問題が生じていることから、生活保護法では医療扶助の適正化を図るための規定が設けられています。具体的には、①指定医療機関の指定要件および指定取消要件の明確化、②指定医療機関の更新制（6年間の有効期間）の設定、③指定医療機関への指導体制（国による直接指導が可能）が規定されています。

後発医薬品の使用の原則

近年、薬局に処方箋を持参すると、後発医薬品（ジェネリック医薬品）の使用について案内を受けることがあります。後発医薬品とは、先発医薬品（新薬）の特許が切れた後に製造・販売される、先発医薬

品と同じ有効成分を同量含んでおり、先発医薬品と同等の効能・効果があると認められた医薬品です。先発医薬品と効能と効果は同等でも価格が安く設定され、医療費の軽減に効果があるため、国は積極的に後発医薬品の使用促進を図っています。

そして、生活保護法34条３項では、「医師又は歯科医師が医学的知見に基づき後発医薬品を使用することができると認めたものについては、原則として、後発医薬品によりその給付を行うものとする」と規定しており、後発医薬品の使用を原則としています。

介護扶助とはどんな扶助なのか

生活保護受給者であり、介護保険による市区町村の認定を受けて、一定の介護サービスを利用している場合、介護扶助が認定されます。つまり、自己負担部分が介護扶助として生活保護から負担されます。介護扶助の対象者は、以下の者です。
① 65歳以上の生活保護受給者（第１号被保険者）
② 40歳以上65歳未満の医療保険に加入している生活保護受給者（第２号被保険者）
③ 40歳以上65歳未満の医療保険に未加入の生活保護受給者

介護扶助の範囲は、介護保険とほぼ同じで、居宅介護、福祉用具、住宅改修、施設介護などがあります。生活保護からの負担は、①②が１割、③が10割となっています。介護扶助は介護サービスなどの現物給付が原則ですが、必要な場合には、金銭による給付がなされることもあります。

臨時的扶助の支給

生活保護の８つの扶助のうち「生活扶助、住宅扶助、教育扶助、医療扶助、介護扶助」が経常的扶助（毎年支出される経費）であるのに対し、「出産扶助、生業扶助、葬祭扶助」は臨時的扶助です。これら

第５章　生活保護のしくみと申請手続き　201

の臨時的扶助は、支給事由が発生したときに限って支給されます。

① 出産扶助

　出産扶助は、困窮のため最低限度の生活を維持できない者に対し、分べんの介助 、分べん前および分べん後の処置、脱脂綿、ガーゼその他の衛生材料について行われる援助です。

② 生業扶助

　生業扶助は、困窮のため最低限度の生活を維持できない者または「そのおそれのある者」に対して、生業に必要な資金・器具・資料、生業に必要な技能の修得、就労のために必要なものについて行われる援助です。生業扶助は、生業費、技能修得費、就職支度費に大きく分

■ 支給額（住宅扶助・教育扶助）・・

	住宅扶助（1級地－1：東京都23区）	
一般基準		13,000円以内
都内基準額（単身世帯）※1		53,700円以内
都内基準額（複数世帯）	2人	64,000円以内
	3～5人	69,800円以内
	6人	75,000円以内
	7人以上	83,800円以内

※1　床面積15平米超の場合（床面積に応じて支給額が変わる）

教育扶助（1級地－1）		
基準額	小学校	2,600円
	中学校	5,100円
特別基準（学級費等）	小学校	1,080円以内
	中学校	1,000円以内
他に教材代、学校給食費、通学交通費など実費支給		
災害時等の学用品費の再支給	小学校	11,600円以内
	中学校	22,700円以内
学習支援費	小学校	16,000円以内
	中学校	59,800円以内

けることができます。

・**生業費**

　生業費は、生計維持を目的とする小規模の事業を営むための資金や、生業を行うための器具、資料代の経費の補てんとして支給されます。

・**技能習得費**

　技能習得費は、生業につくために必要な技能を修得するための授業料・教材費などの費用を補てんします。また、高校生には、高等学校教育にかかる必要な学用品費や教材費、交通費などが高等学校等就学費用として支給されます。

・**就職支度費**

　就職支度費は、就職が確定した者に支給される、就職のために直接必要となる洋服代や履物などの購入経費のことです。

③　**葬祭扶助**

　葬祭扶助は、葬祭に伴い必要となる検案、死体の運搬、火葬・埋葬、納骨などの経費を補てんするものとして支給されます。

　葬祭扶助は葬儀を行う遺族などに支給されるため、その葬儀を行う遺族が生活保護を受けられるかどうかが判断されることになります。

■ **医療扶助のしくみ**

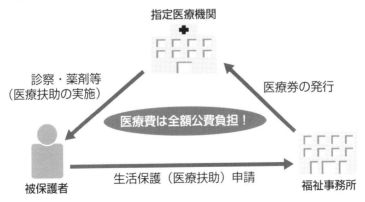

第5章　生活保護のしくみと申請手続き　203

■ 出産扶助・生業扶助・葬祭扶助のしくみ ·······················

出産扶助	一般基準		施設分べん（加算額）	衛生材料費（加算額）
	311,000円以内		8日以内の入院料（医療扶助）の実費	6,100円以内
	特別基準	出産予定日の急変等		363,000円以内
		産科医療補償制度による保険料（掛金）		30,000円以内

生業扶助	生業費	技能修得費	就職支度費
	47,000円以内 （特別基準） 78,000円以内	89,000円以内 （特別基準） 149,000円以内 （自立支援プログラム） 年額238,000円以内	34,000円以内

（高等学校等就学費）

費目	給付対象	基準額
基本額	学用品費、通学用品等	5,300円
学級費等	学級費、生徒会費	2,330円以内
通学のための交通費	通勤定期代等	必要最小限度の額
授業料	支援金・無償対象以外	都立高校の授業料、入学料の額以内
入学料	入学金	
受験料	入学考査料 （原則2回まで）	1校につき 30,000円以内
入学準備金	学生服、カバン、靴等	87,900円以内
教材代	教科書、ワークブック、和洋辞典、副読本的図書	実費支給
学習支援費（月額）	84,600円以内 （年間上限額）	
災害等の学用品費の再支給	26,500円以内	
災害等の教科書等の再支給	26,500円に加えて、教材費として 支給対象となる範囲内で必要な実費	

葬祭扶助	区分	大人（1級地・2級地）	小人（1級地・2級地）
	一般基準	215,000円以内	172,000円以内

- ・法第18条第2項第1号に該当する死者に対し葬祭を行う場合、1,000円を加算する
- ・火葬料が大人600円、小人500円を超える場合は、その超えた金額を基準額に加算する
- ・自動車料金その他死体の運搬料が15,580円を超える場合は、7,480円を限度として、その超えた金額を基準額に加算する
- ・死亡診断書または死体検案に要する費用が5,350円を超える場合は、その超えた実費を基準額に加算する
- ・火葬または埋葬を行うまでの間、死体保存のため特別な費用を必要とする場合は、実費を基準額に加算する

19 勤労控除について知っておこう

就労によって得られた収入の一部を手元に残すことが目的

勤労控除とは

　生活保護は、世帯収入が一定基準に満たない時に不足分を支給するものであるため、生活保護受給中は就労による収入や年金などを申告し、その都度生活保護基準と比較して保護費が決定されます。

　生活保護を受給している人が就労によって収入を得ると、保護費が差し引かれます。ただ、就労によって得た収入の全額が保護費から差し引かれるわけではなく、一定の金額が収入額から控除され、その控除された後の残額（収入認定額）が保護費から差し引かれます。ここにいう「一定の金額」のことを勤労控除といいます。

　勤労控除の目的は、就労で得られた収入額の一部を手元に残すことによって、受給者が「働き損」と感じることなく、早期に自立を助長して、生活保護から脱却できるように支援することにあります。

勤労控除の認定

　勤労収入についての収入認定額は「就労収入－（勤労控除＋実費控除）」によって算出します。このうち勤労控除は「基礎控除」「新規就労控除」「20歳未満控除」の３種類があります。

・基礎控除

　勤労に伴って必要となる経費（被服、身の回り品、教養の向上にかかる費用、職場交際費など）を控除します。生活保護の程度を決定する際に用いる基礎控除額について、全額控除の水準は月額１万5,000円です（令和６年４月現在）。アルバイトなどで収入を得たとしても、１万5,000円までであれば保護費が減額されません。全額控除分を超

第5章　生活保護のしくみと申請手続き　205

える収入は、収入の額に比例して控除額が増加します（上限あり）。

・新規就労控除

　新たに継続性のある職業に従事した者に対し、就労から6か月間に限り控除します。控除額は月額1万2,200円です（令和6年4月現在）。

・20歳未満控除

　20歳未満の者が就労している場合（単身者や配偶者のみで独立した世帯を営む者などを除く）に控除します。控除額は月額1万1,600円です（令和6年4月現在）。20歳未満控除の適用を受けていた人が20歳に達すると、20歳未満控除が受けられなくなるので、その翌月から認定の変更が行われます。

要否の判定と程度の決定

　生活保護の判定は、①そもそも保護を必要とするか（保護の要否の判定）、②保護を必要とした上でどの程度の保護をするのか（保護の程度の判定）、という2段階で行われます。どちらの判断も最低生活費と収入などの判断を行う点では共通していますが、収入の算定方法や基礎控除の判定方法に違いがあります。次ページの表は、②の保護の程度の判定に用いる基礎控除額表です。

実額控除（その他の必要経費）

　出かせぎ・寄宿などに必要となる生活費や住宅費の実費、就労に伴う子どもの託児費、被保護世帯の自立更生のためにあてられる額の償還金、地方税等の公租公課、健康保険の任意継続保険料、国民年金の受給権を得るために必要な任意加入保険料については、必要最小限度の範囲で必要経費として認定し、その認定した額を控除します。

■ 勤労収入からの控除（程度決定に用いる基礎控除額）…………

収入金額	1～3級地		収入金額	1～3級地	
	1人目	2人目以降		1人目	2人目以降
円	円	円	円	円	円
～15,000	収入額と同額	収入額と同額	～126,999	26,000	22,100
～15,199	収入額と同額	15,000	～130,999	26,400	22,440
～18,999	15,200	15,000	～134,999	26,800	22,780
～22,999	15,600	15,000	～138,999	27,200	23,120
～26,999	16,000	15,000	～142,999	27,600	23,460
～30,999	16,400	15,000	～146,999	28,000	23,800
～34,999	16,800	15,000	～150,999	28,400	24,140
～38,999	17,200	15,000	～154,999	28,800	24,480
～42,999	17,600	15,000	～158,999	29,200	24,820
～46,999	18,000	15,300	～162,999	29,600	25,160
～50,999	18,400	15,640	～166,999	30,000	25,500
～54,999	18,800	15,980	～170,999	30,400	25,840
～58,999	19,200	16,320	～174,999	30,800	26,180
～62,999	19,600	16,660	～178,999	31,200	26,520
～66,999	20,000	17,000	～182,999	31,600	26,860
～70,999	20,400	17,340	～186,999	32,000	27,200
～74,999	20,800	17,680	～190,999	32,400	27,540
～78,999	21,200	18,020	～194,999	32,800	27,880
～82,999	21,600	18,360	～198,999	33,200	28,220
～86,999	22,000	18,700	～202,999	33,600	28,560
～90,999	22,400	19,040	～206,999	34,000	28,900
～94,999	22,800	19,380	～210,999	34,400	29,240
～98,999	23,200	19,720	～214,999	34,800	29,580
～102,999	23,600	20,060	～218,999	35,200	29,920
～106,999	24,000	20,400	～222,999	35,600	30,260
～110,999	24,400	20,740	～226,999	36,000	30,600
～114,999	24,800	21,080	～230,999	36,400	30,940
～118,999	25,200	21,420	231,000～	（※）	（※）
～122,999	25,600	21,760			

※収入金額が231,000円以上の場合は、収入金額が4,000円増加するごとに、1人目については400円、
2人目以降については340円を控除額に加算する。

20 実際にはどの程度の生活保護費がもらえるのか

家族構成によって変わってくる

生活保護受給世帯に対する各種減免措置

　生活保護受給世帯に対しては、税金や年金、水道光熱費といった費用について、軽減や免除、非課税扱いといった措置が図られます。都道府県や自治体によって異なる可能性があるため、生活保護の申請時に確認することが必要です。

具体的なケースで見る

　生活保護による実際の支給例を見てみましょう。国が定めた最低生活費（生活保護基準）と世帯の収入を比べて、収入の方が少ない場合に、その不足分が生活保護費として支給されます。

■ 生活保護受給者に対する税金・公共料金などの減免措置（東京都の場合）

項　　目	内　　　容
税金	個人の都民税、個人事業税、固定資産税・都市計画税の減免、軽自動車税の減免
年金	国民年金の保険料の納付が免除される
水道料金	水道料金・下水道料金の基本料金などが減免される
授業料	私立高等学校等の授業料負担の軽減
医療費	結核の医療費助成など
ごみの収集	指定収集袋の無料交付、ゴミの収集にかかる手数料の減免
鉄道の利用	都営交通の無料乗車券の発行
テレビ	放送受信料の減免

たとえば、東京都の「1級地-1」に分類される地域に居住している単身者（夫35歳、妻29歳、子4歳）で、夫が病気で働けず、妻が働いて月に10万円の収入を得ているケースを見てみましょう。

　生活扶助については、「第1類費」と「第2類費」に「特例加算」と「生活扶助本体における経過的加算」を加えて生活扶助基準額を算定します。その上で、「加算額」「住宅扶助基準」「教育扶助基準」などを加えて、最低生活費を算定します（197ページ表）。上記のケースでは、第1類費（103,830円）、第2類費（44,730円）、特例加算（3,000円）、生活扶助本体における経過的加算（1,340円）、児童を養育する場合の加算額（10,190円）、住宅扶助基準（69,800円）を合算した金額（232,890円）が、基本的な最低生活費となります。そして、妻の収入については、207ページの基礎控除額表より、100,000円から基礎控除額23,600円を差し引いた76,400円が収入認定額となります。これを差し引いた金額（156,490円）が、基本的な生活保護費として支給されることになります。

■ 具体的な計算例 ………………………………………………

生活扶助基準	◎第1類費 （46,930円＋46,930円＋44,580円） ×0.75＝103,830円 ◎第2類費 44,730円 ◎特例加算 1,000円×3＝3,000円 ◎経過的加算 670円×2＝1,340円	最低生活費 232,890円
加算額	10,190円（児童を養育する場合）	
住宅扶助基準	家賃69,800円	

※介護扶助基準や医療扶助基準などについては考慮していない。

21 就労支援や健康管理・家計管理の支援について知っておこう

自立活動確認書の作成による就労支援などが行われる

自立活動確認書による就労支援

　生活保護の受給者（被保護者）の中には、自立する能力があるにもかかわらず、就職先が決まらない人や、就労意欲が持てない人がいます。生活保護法の目的に「自立の助長」が含まれるため、「就労可能な被保護者の就労・自立支援の基本方針について」という厚生労働省の通知に基づき、就労や自立に向けた支援が行われています。

　その1つが「自立活動確認書」の作成です。自立活動確認書は、稼働能力があると判断した被保護者を対象に、被保護者本人の同意を得て作成します。求職活動の具体的な目標、内容、活動期間などを記載し、福祉事務所と本人で共有します。本人は確認書の内容に基づいて求職活動を行い、福祉事務所は必要に応じて支援します。

就労支援と健康・生活面での支援

　平成7年（1995年）以降、景気低迷や高齢化率の上昇などにより、生活保護受給世帯は右肩上がりに増加を続けました（近年は増加が鈍化しています）。また、一部の生活保護受給者について、「昼間からパチンコをしている」「就労しているのに届け出ていない」「扶養できる親族がいるのに隠している」など、いわゆる不正受給が社会問題として注目されるようになりました。

　生活保護法では、これらの問題に対応するため、①就労による自立の促進、②健康・生活面などに着目した支援、③不正・不適正受給対策の強化（165ページ）、④医療扶助の適正化（200ページ）について規定を設けています。③と④はすでに述べましたので、以下、①と②

210

について見ていきましょう。

　なお、令和6年成立の生活保護法改正で、被保護者の自立支援の強化などを目的として、被保護者就労準備支援事業、被保護者家計改善支援事業、被保護者地域居住支援事業が任意法定化（任意に行うことができる事業として法律で規定されたもの）されています。

就労自立給付金の支給

　被保護者の就労による自立を促進するため、生活保護法では「就労自立給付金の支給」の制度が設けられています。この制度は、生活保護の受給中に就労によって収入を得ると、一定の金額を仮想的に積み立てて、安定就労によって生活保護を脱却する際に、積み立てた分を一括して支給する制度です。

　この制度により、生活保護の脱却直後にかかる税金や社会保険料の負担が軽減され、再び生活保護に陥ることを防止しています。

健康管理・家計管理の支援

　被保護者の健康・生活面などに着目した支援として、生活保護法では、次のような規定を設けています。

① 被保護者の健康管理を支援（被保護者健康管理支援事業）

　福祉事務所に専門の職員を配置するなどして体制を強化し、保健指導や受診相談などが可能となっています。また、福祉事務所は被保護者の健康診査結果などを入手することもできます。

② 被保護者の家計管理を支援（被保護者家計改善支援事業）

　福祉事務所が必要と判断した被保護者に対しては、レシートや領収書の保存、家計簿の作成を求めることができます。従来は通達に基づく事業でしたが、前述のとおり任意法定化されました。

第5章　生活保護のしくみと申請手続き　**211**

Q 生活保護を受けるとどんな施設が利用できるのでしょうか。

A　生活保護法では、被保護者の居宅による保護を原則としていますが、利用者の障害や生活状況によっては施設での保護を要する場合もあります。そこで、居宅では保護の目的を達成できない場合、被保護者は保護施設に入所してもらうことになります。

施設への入所は強制されるものではなく、利用者本人の意思が優先されなければなりません。被保護者の保護や教育を行う施設には、以下のものがあります。

① 救護施設：心身に障害があり居宅での日常生活が困難な人のための施設です。対象者には施設の中で生活してもらい、さまざまな扶助を行っています。

② 更生施設：心身に障害があり保護を必要とする人が利用する施設です。救護施設との違いは、ある程度社会復帰の見込みがある人が対象であり、養護や生活指導が行われることです。

③ 医療保護施設：医療を必要とする人が利用する施設です。医療の給付を行うことから、病院と同じ役割を果たす施設といえます。

④ 授産施設：心身上の理由または世帯の事情により働く能力（就業能力）が十分ではない人に対し、就労や技能の習得の機会を与え、自立してもらうことを目的とする施設です。

⑤ 宿所提供施設：住居のない人に住宅を支給するための施設です。

なお、上記の他にも、養護老人ホームやその他の社会福祉施設などの施設を利用できます。また、住む場所がない人に対しては、私人が経営する施設が利用される場合もあります。詳しい施設の利用については、地域によって違うので、管轄の福祉事務所に問い合わせてみるとよいでしょう。

22 受給後の生活が心配になったらどうする

生活保護を受けることは恥ずかしいことではない

保護費はいつ、どのように渡されるのか

　生活保護の受給が認められた人に対しては、生活保護受給決定の通知が届きます。そして、申請時以降の保護費（生活保護費）を受給できます。また、2回目以降は、決められた日に、決められた方法（窓口支給、銀行振込など）によって保護費が支給されます。

　本人が福祉事務所の窓口に来ることが困難な場合もあるため、福祉事務所によって、窓口で支給する場合、銀行振込で対応する場合、どちらかを選択できる場合など、対応を決めているようです。最近では銀行振込に対応している福祉事務所も多いようですが、銀行口座が持てない場合は、窓口で受け取ることになります。

保護費の使い道は自由

　生活状況に関して問題がある場合は指導の対象となりますが、保護費（生活保護費）の収支を細かく確認するわけではありません。保護費の使い道については、被保護者（生活保護の受給者）が自分で決める権利があり、医療扶助や介護扶助などを除いて現金で支給しているのもそのためです。ただし、すぐに費消してしまうなど、明らかに不審な点があれば、指導を受けることがあります。

　また、保有が認められた生命保険から保険金が下りた場合など、保護費以外に収入があったときは、それが臨時収入であっても、必ずその都度申告する義務があります。申告に漏れがあって不正受給であると受け取られ、厳しい処分を受けないようにするためにも、正しく申告するように心がけましょう。

第5章　生活保護のしくみと申請手続き　213

あくまでも、最低限度の生活費として生活保護費を受け取っている
のですから、自覚をもって使うべきでしょう。

被保護者の権利と義務は何か

　生活保護は、生活に困窮する人に対し、国で定めた基準までの生活
を無差別平等に保障しようとする制度です。そのため、下記の①～④
を被保護者の権利として保障しています。

①　生活保護を受けることによって、差別を受けることはない

②　正当な理由がなければ、保護金品を減停止されることはない

③　保護金品に税金をかけられることはない

④　支給された保護金品や、これから保護金品を受ける権利を差し押
　　さえられることはない

　生活保護を受けることは決して恥ずかしいことではありません。自
分や家族が協力して努力してもどうしようもない場合は、ためらわず
に福祉事務所に相談すればよいのです。ケースワーカーは、生活する
上で抱えるいろいろな悩みの相談に応じます。ケースワーカーとの面
談は、福祉事務所の窓口に本人が出向くのが原則ですが、病気などで
体調が思わしくない場合や、心身に障害があり外出が困難な場合は、
事前の電話連絡により自宅に訪問してもらうことも可能です。

　また、生活保護は、すべての国民に保障される権利であるため、下
記の①～④を守ることが義務とされています。

①　常に能力に応じて勤労に励み、健康の保持・増進に努め、家計の
　　節約を図り、生活の向上に努める

②　収入や支出など生計の状況が変わった場合や、住所や家族の構成
　　や状態が変わった場合は、早いうちに必ず職員に届け出る

③　保護を受けている権利を他人に譲り渡してはならない

④　その他、職員の指導などを参考にして生活の維持向上に努める

23 生活保護の開始後にはどんな問題点があるのか

知らないと思わぬ落とし穴が待ち受けている

辞退届を書かされることもある

生活保護における辞退届とは、「生活保護を辞退する」という意思表明をする届出のことです。就職をして十分に暮らしていける状態などになり、生活保護の必要がなくなった場合に提出します。

辞退届を本人が自分の意思で提出するのであれば、問題はないのですが、福祉事務所が勧めるケースがあります。福祉事務所としては、生活能力のある人に、いつまでも保護費（生活保護費）を支給するわけにはいきません。しかし、福祉事務所の権限（職権）で生活保護を打ち切るほど、明確に生活保護を受ける資格が失われたとは言い切れない場合、「本人の意思で辞める」という形をとることがあります。たとえば、いつまで経っても仕事が見つからない場合などです。ただ、職探しを継続しているにもかかわらず仕事が見つからない場合など、正当な理由があれば、それを堂々と主張・証明するべきです。

生活扶助費の増減について

入院や仕事をした場合は、支給される生活費（生活扶助費）の金額が変わります。まず、入院した場合の食費など（医療扶助の対象外のもの）は、保護費でまかなわれますので、その金額が引かれた額が生活費となります。

また、仕事で収入があれば、生活費は基本的には収入を差し引いた額になります。ただし、仕事で収入があった場合、収入の一部は「基礎控除」（205ページ）として手元に残りますので、収入を得ない場合よりは、生活費の金額は増えることになります。

第5章　生活保護のしくみと申請手続き　**215**

生活保護を受給していると引越しができないのか

　生活保護の受給者（被保護者）は、ずっとその場所に住まなければならないわけではなく、転居することは可能です。ただし、別の市区町村で生活保護を引き続き受けられるようにするには、転居前の市区町村と受入先の市区町村で連絡を取り合って継続できるようにする必要があります（移管）。市区町村によっては、生活保護の申請が認められやすい地域と、そうでない地域があると言われているからです。

　保護費の一部は自治体が負担しているため、財政的に逼迫している市区町村が生活保護費を削減したいと考えていることは、十分にあり得ることです。そこで、市区町村間の連絡がうまくいかないと保護が一時的に途切れてしまう可能性もある、ということに留意して行動することが大切だといえます。

　引越しせざるを得ない理由があれば、話はもう少し簡単に進みます。たとえば、公営住宅の抽選に当選した場合は、その公営住宅への引っ越しによる移管の手続きがスムーズに進むでしょう。また、「通院している病院の近くに引っ越したい」「就職が決まったが、勤務地が遠くて通勤が大変なので引っ越したい」などの場合は、移転先の市区町村を説得しやすい材料だといえるでしょう。

■ 辞退届の提出を勧められる理由

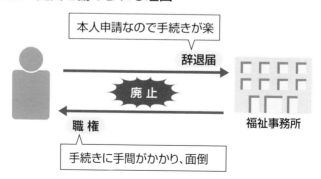

Q 生活保護の支給が停止・廃止される場合について教えてください。

A 　生活保護の停止とは、ある条件の下で、保護費の支給が一時的に止まることです。停止の条件がなくなれば、支給は再開されます。生活保護の廃止は、保護費の支給の権利そのものを失うことです。以下の①〜⑤の場合に支給が停止・廃止されます。

① 　受給者が死亡・転出などでその市区町村の住民でなくなったとき

② 　生活保護以外の収入・資産で自立できるようになったとき

③ 　本人が生活保護を辞退したとき

④ 　本人が自立のための努力を怠っているとき

⑤ 　法令違反をして、指導・指示にも従わないとき

　注意点を簡単に見ていきましょう。まず、①の受給者の死亡・転出ですが、家族が複数いる場合は、その1人が死亡しても、支給要件を満たす限り支給は続きます。また、福祉事務所の許可を得て転出した場合は、転出先の福祉事務所で再申請することになり、今まで居住していた場所の福祉事務所の生活保護は廃止となります（移管）。

　②の「生活保護以外の収入・資産で自立できる」場合は、6か月間継続して最低生活費以上の収入を得られるようになった、というのが1つの目安です。一時的に保護を必要としなくなった場合は保護が停止され、おおむね6か月を超えて保護を要しない状態が継続すると認められるときに、保護の廃止が検討されることになります。

　④の「自立のための努力を怠っている」とは、働けるのに働き口を見つけようとしない場合です。何回か指導を受けても仕事を見つけようとしない場合に保護が停止または廃止されます。なお、指導については、まず口頭により直接行われることが原則ですが、それでも従わなかった場合は文書による指導・指示が行われます。

第5章　生活保護のしくみと申請手続き　217

24 生活困窮者自立支援法について知っておこう

生活保護受給に至る前段階での支援を目的としている

どんなことが規定されている法律なのか

　生活保護を受け始めると、なかなかその状態から抜け出すことができない実情を踏まえると、生活保護の受給に至る前に何らかの支援を行うことが重要です。生活保護制度の見直しと、生活困窮者対策に総合的に取り組むための法律が「生活困窮者自立支援法」です。

　生活困窮者自立支援法は、生活困窮者に対し、次の①〜④のような自立支援に関する措置を講じて、生活困窮者の自立の促進を図ることを目的とする法律です。令和6年成立の改正で、生活困窮者への居住の支援が強化されることになりました。支援の方法は、基本的には現金給付ではなく、自立に向けた人的支援の提供が行われています。

① 　自立相談支援事業

② 　住居確保給付金の支給

③ 　就労準備支援事業、居住支援事業（令和7年4月に「一時生活支援事業」から名称変更）、家計改善支援事業、子どもの学習・生活支援事業等

④ 　就労訓練事業（中間的就労）

生活困窮者とは

　生活困窮者自立支援法における生活困窮者とは、「現に経済的に困窮し、最低限度の生活を維持することができなくなるおそれのある者」のことを指します（3条1項）。つまり、今は生活保護を受けるほどの状態ではないが、いつその状態に陥ってもおかしくない人が対象になるということです。

都道府県知事による就労訓練事業の認定とは

　生活困窮者自立支援制度の中の就労訓練事業（中間的就労）は、社会福祉法人やNPO法人、営利企業などの民間事業者の自主事業として実施する事業です。厚生労働省令が定める基準に適合し、都道府県知事の認定を得れば、認定就労訓練事業を行うことができます。

自立相談支援事業とは

　生活困窮者自立支援法では、都道府県、市（特別区を含む）、福祉事務所を設置する町村は、生活困窮者自立相談支援事業および生活困窮者住居確保給付金の支給を行う責務があるとしています（4条）。事業の具体的な内容としては、次のものが挙げられています。

① 　就労や住居の相談支援等に関する事業

　生活困窮者やその家族などからの相談を受け、就労や住居の支援その他の自立に関する問題につき、必要な情報の提供や助言の他、関係機関との連絡調整を行います。令和7年成立の法改正で、就労だけでなく居住に関する相談支援等も行うことが明確化されました。

② 　認定就労訓練事業の利用あっせん

　就労訓練事業（中間的就労）のうち、都道府県知事の認定を受けた事業が認定就労訓練事業です。就労訓練を受けることが必要な生活困窮者に認定就労訓練事業所を紹介したり、認定就労訓練事業に取り組む事業所の開拓を行ったりします。

③ 　自立支援計画の作成

　生活困窮者の抱えている課題に対するアセスメント（評価）を行い、自立に向けて必要とする支援の種類や内容、進め方などについて記載した計画（自立支援計画）を作成します。

　自立相談支援事業に従事するのは、主任相談支援員、相談支援員、就労支援員の各職種です。支援員は、生活困窮者の相談を受け、その抱える課題についてアセスメント（評価）を行った上で、自立に向け

第5章　生活保護のしくみと申請手続き　219

た計画書の策定、就労・研修など各分野の事業のあっせん、支援機関等への紹介などの支援を行っています。支援員は高い支援技術を要するため、国は人材育成のための養成研修の実施をしています。研修内容としては、生活困窮者支援の理念や目的、自立相談支援事業の実施プロセス、生活困窮者に対するアセスメント、プランニング技術などが実施されています。

どのような就労支援が行われるのか

生活困窮者に対する就労支援の具体的な内容としては、次のものが挙げられています。

① 就労支援員による相談事業

就労の準備がある程度整っている生活困窮者に対し、就労支援員が個別に履歴書の作成指導やハローワークへの同行訪問、面接指導などを行います。

② 就労訓練事業

雇用による就業を継続して行うことが困難な生活困窮者に対し、就労訓練の場を設け、就労に必要な知識や技術を習得する機会を提供します。中間的就労ともいいます。具体的には、農作業、清掃作業、リサイクルといった比較的軽易な作業が行われています。

③ 就労準備支援事業

生活困窮者の中には一日の生活リズムが整っていない、集団での活動が困難などの事情で、就労が著しく困難な状態の人もいます。このような人に対し、生活訓練や社会訓練、技術習得訓練などを行うことにより、就労のための基礎的な能力を形成するための事業です。

なお、令和6年成立の改正で、生活保護受給者のうち、生活保護からの脱却が見込まれる者（特定被保護者）も、就労準備支援事業の対象に追加されました。

居住場所の確保のためにどのような支援が行われるのか

　職を失うことによってまず負担になるのが住居費です。そこで、生活困窮者自立支援法では、都道府県等（都道府県、特別区、市、福祉事務所を設置する町村）に対し、住居確保給付金を支給するよう求めています。住居確保給付金の対象となるのは、①離職後2年以内で経済的に困窮し住居を失い、または失うおそれがある、②ハローワークに求職の申込みを行い、就職に向けた活動を誠実かつ熱心に行っている、③離職前に世帯の生計を主として維持していた、④申請者の収入が基準額以下である、⑤申請者および同一世帯に属する人を含めた資産が基準額以下である、などの要件のすべてに該当する者です。

　これらの要件を満たす者に対し、原則として3か月間（就職活動を誠実かつ熱心に行っている場合は、3か月ごとに2回まで延長可能となることがあります）、住居確保給付金が支給されます。住居確保給付金の額は、東京23区の場合、単身世帯で5万3,700円、2人世帯で6万4,000円、3～5人世帯で6万9,800円が上限です。

住居のない生活困窮者にどのような支援が行われるのか

　住居がなく収入が一定水準以下の生活困窮者に対し、原則3か月以内に限り、宿泊場所・衣食の提供などの支援を実施しています。これを居住支援事業といいます（令和7年4月より「一時生活支援事業」から名称変更）。その他、現在の住居を失うおそれがあり地域社会から孤立した状態にあるなどの生活困窮者に対し、現在の住居で日常生活を営むのに必要な支援も実施しています。令和6年成立の法改正で、後者の支援については特定被保護者も対象に追加されました。

家計の管理についてどのような支援が行われるのか

　家計の管理に問題を抱える生活困窮者に対し、収入、支出その他家計の状況を適切に把握することや、家計の改善の意欲を高めることを

第5章　生活保護のしくみと申請手続き　221

支援する他、生活に必要な資金の貸付けのあっせんを行います。これを家計改善支援事業といいます。令和6年成立の法改正で、特定被保護者も家計相談支援事業の対象に追加されました。

学習支援なども行われる

　生活困窮者が養育する児童生徒は、経済的・精神的な事情での学習の遅れや進学の機会喪失など、学習面の問題を抱えていることが多い傾向にあります。そこで、「子どもの学習・生活支援事業」として、生活習慣等の改善、中退防止を含めた学習支援、進路選択等の支援など、子どもへの総合的な支援が行われています。

国や地方公共団体の役割、費用の国庫負担

　自立相談支援事業や住居確保給付金の支給など、生活困窮者自立支援法に基づく各事業を実際に行うのは、市（特別区を含む）および福祉事務所を設置する町村となるのが一般的です。都道府県は、自ら各事業を行う他、市および福祉事務所を設置する町村が行う各事業が適正かつ円滑に行われるよう助言や援助などを行います。また、国も都道府県等が行う事業について必要な助言や援助を行います。

　なお、各事業に要する費用のうち、国が負担する割合と補助が行われる割合は以下のとおりです。
① 　自立相談支援事業、住居確保給付金の支給：国が4分の3を負担
② 　就労準備支援事業、家計改善支援事業、居住支援事業：費用の3分の2以内の補助が可能
③ 　子どもの学習・生活支援事業及びその他の生活困窮者の自立の促進を図るために必要な事業：費用の2分の1以内の補助が可能

求職者支援制度とはどのような関係にあるのか

　求職者支援制度では、雇用保険を受給できない求職者に対し、職業

訓練の受講機会を提供して就職や生活の安定を支援します。一方、生活困窮者自立支援制度では、求職活動を行うこと自体が困難な生活困窮者を対象に、生活習慣や社会参加能力の構築などを含めた訓練を実施します。両制度が適切に役割を果たすことで、生活保護に至る前のセーフティネットとしての機能を発揮することが期待されます。

生活保護法の事業とはどのような関係にあるのか

生活保護法の事業の対象者は、原則として生活保護受給者です。生活保護受給者になるおそれのある人は、生活困窮者自立支援法の事業を利用します。生活困窮者自立支援法の事業の利用者が生活保護受給者になれば、確実に生活保護法の事業につなぐ、生活保護受給者の子どもに対する学習支援については、生活困窮者自立支援法の事業を利用するなど、双方が連携して対象者を支援します。

また、令和6年成立の法改正で、生活保護法の「被保護者就労準備支援事業」「被保護者家計改善支援事業」「被保護者地域居住支援事業」を任意に行うことができる事業として法定化し、生活困窮者自立支援法の事業との一貫性・継続性の確保や支援の質の向上を図ることになりました。

■ 生活困窮者対策と生活困窮者自立支援法の支援 ⋯⋯⋯⋯

生活困窮者対策 ➡ **生活保護を防ぐためのさまざまな支援を行う**
- 自立相談支援事業
- 就労準備支援事業
- 家計改善支援事業
- 子どもの学習・生活支援事業
- 住居確保給付金の支給
- 居住支援事業

生活保護になる前に支援をする必要あり！

生活保護

第5章　生活保護のしくみと申請手続き　223

Column

令和6年の生活保護法の改正

　これまで、生活保護受給世帯のうちの、子育て世帯に対する支援が不十分なことにより、貧困の連鎖が起きやすいことなどが問題となっていました。そこで、生活保護受給世帯の子どもの貧困への対応として、①生活保護受給中の子育て世帯へのアウトリーチ（訪問）事業の法定化、②高卒就職者への新生活立ち上げ費用の支給、の2つの改正が行われました。①のアウトリーチ事業では、必要な支援や情報が届きにくい子育て世帯に対して、担当のケースワーカーがアウトリーチ（訪問）することによって、子どもの学習・生活環境の改善に向けた働きかけや、子ども向けの居場所へのつなぎ、奨学金の活用などの支援を行います。②については、高等学校などを卒業・就職して自立（保護廃止）する際に、新生活立ち上げ費用として一時金が支給されます。支給額は、就職するにあたり自宅から転居する場合は30万円、自宅に残る場合は10万円です。

　令和7年4月には、生活保護受給者に対する自立支援の強化として、被保護者を対象とする就労準備支援事業（就労について課題のある人に自立のための訓練を実施）、家計改善支援事業（家計の見直しが必要な世帯の改善支援）、地域居住支援事業（入居支援、入居中の見守りなど）が任意に行うことができる事業として法定化されます。それとともに、生活困窮者自立支援制度の就労準備支援事業、家計改善支援事業、地域居住支援事業を、生活保護受給者も利用できる一体実施のしくみが創設されます。これにより、多くの生活保護受給者が、福祉事務所のサポートのもと、自立のための支援を受けられることになります。

　他には、無料低額宿泊所の事前届出義務違反に対する罰則（30万円以下の罰金）が創設され、事前届出をしていない無料低額宿泊所に対する厳しい規制が行われることになります。

第6章

困ったときに役立つ
公的給付と救済制度

ケガ・病気・障害・死亡

·························· 療養（補償）給付 ··························

どんな制度なのか

　労働者が、業務上または通勤途中のケガ・病気によって療養を必要とする場合に労災保険から給付されます。業務災害の場合を療養補償給付といい、通勤災害の場合を療養給付といいます。

　治療の現物給付を行うという「療養の給付」と、現金給付の「療養の費用の支給」の２種類がありますが、「療養の給付」が原則です。「療養の給付」では、労災指定病院で治療を受ければ、原則として傷病が治ゆするまで必要な療養を受けることができます。

　「療養の費用の支給」は、労災指定病院以外で療養を受けた場合に、そのかかった費用を支給するというものです。治療費だけでなく、入院の費用、看護料、移送費など、通常療養のために必要なものは全額支給されます。

対象者・手続き

　対象者は業務上または通勤途中のケガ・病気によって療養を必要とする労働者です。

　療養の給付を請求する場合、療養を受けている指定医療機関等を経由して、所轄の労働基準監督署に、所定の請求書を提出します。労災指定病院以外で治療を受け、療養の費用を請求する場合には、支払った費用の領収書等とともに、所定の請求書を事業所管轄の労働基準監督署に提出します。

·························· 療養の給付 ··························

どんな制度なのか

　健康保険では、業務以外の事由による病気やケガなどの保険事故に対して、療養の給付という形で医療を現物給付します。一部負担金として、療養の給付に要した額の２割もしくは３割を負担します。

226

しかし、保険の適用を受けられない病院で治療を受けたり、保険証を持たずに病院に行ったという場合には、受診者が医療費を全額自己負担しなければなりません。ただし、後から請求することで支払った医療費の一部を療養費として現金給付してもらうことができます。

対象者・手続き

療養の給付を受ける場合には、保険医療機関などにマイナ保険証等を提出します。70歳以上の場合には高齢受給者証も合わせて提出します（マイナ保険証を提出した場合は不要）。

また、療養費の給付を受けるための手続きとしては、保険者（健康保険の運営者。健保組合や協会けんぽ、市区町村国保等）に対して療養費の請求を行います。保険者が請求内容について療養の給付が困難であると認

■ 労災保険の給付内容

目的	労働基準法の災害補償では十分な補償が行われない場合に国（政府）が管掌する労災保険に加入してもらい使用者の共同負担によって補償がより確実に行われるようにする	
対象	業務災害と通勤災害	
業務災害（通勤災害）給付の種類	療養補償給付(療養給付)	病院に入院・通院した場合の費用
	休業補償給付(休業給付)	療養のために仕事をする事ができず給料をもらえない場合の補償
	障害補償給付(障害給付)	傷病の治癒後に障害が残った場合に障害の程度に応じて補償
	遺族補償給付(遺族給付)	労災で死亡した場合に遺族に対して支払われるもの
	葬祭料(葬祭給付)	葬儀を行う人に対して支払われるもの
	傷病補償年金(傷病年金)	治療が長引き1年6か月経っても治らなかった場合に年金の形式で支給
	介護補償給付(介護給付)	介護を要する被災労働者に対して支払われるもの
	二次健康診断等給付	二次健康診断や特定保健指導を受ける労働者に支払われるもの

第6章　困ったときに役立つ公的給付と救済制度　　227

めたときや、被保険者が保険医療機関・保険薬局以外の医療機関・薬局で診療や調剤を受けたことにつきやむを得ない事情があると認めるときには、自己負担した医療費から一部負担金（原則として医療費の2割もしくは3割。通常、窓口で支払う個人負担額）を除いた金額の払戻しを受けることができます。

⋯⋯⋯⋯⋯⋯⋯⋯ 休業（補償）給付 ⋯⋯⋯⋯⋯⋯⋯⋯

どんな制度なのか

　休業（補償）給付とは、業務中または通勤中に被ったケガ・病気で働けない場合の生活補償費です。業務中の原因による場合を休業補償給付、通勤中の原因による場合を休業給付といい、労災保険から給付されます。

　業務上または通勤途中の負傷・疾病による療養のために休業し、賃金を受けない日の第4日目以降から支給されます。

　休業1日について給付基礎日額の60%が休業（補償）給付として支給され、これに加えて、給付基礎日額の20%が休業特別支給金として支給されるので、合わせて給付基礎日額の80%を受け取ることができます。なお、給付基礎日額とは、原則として、災害発生日以前3か月間に労働者（被災者）に支払われた賃金総額を、その期間の総日数で割って算出されます。

対象者・手続き

　休業（補償）給付の対象者は、業務中または通勤中に被ったケガ・病気により労務不能であり賃金の支給を受けていない労働者です。3日間の待期期間が設定されているため、休業（補償）給付は、療養のため労働することができずに賃金を受けられない日の4日目から支給されます。そのため、3日で完治した場合には、休業（補償）給付を受給することはできません。ただし、業務中の災害であれば事業主から平均賃金の6割の休業補償を受けることが可能です。休業（補償）給付を受けるためには、治療を受けている医師から労務不能であった期間の証明を受け、出勤簿などの添付書類とともに、事業所管轄の労働基準監督署に所定の書類を提出します。また、休業特別支給金は、「休業（補償）給付支給請求書」と同一の用紙で同時に請求を行うことができます。

傷病手当金

どんな制度なのか

労働者（被保険者）が業務外の病気やケガで働くことができなくなり、その間の賃金を得ることができないときに、健康保険から傷病手当金が支払われます。傷病手当金の支給期間は支給開始日から通算で1年6か月です。通算で1年6か月経過すると傷病手当金の支給は打ち切られますが、障害が残っている場合には障害基礎年金・障害厚生年金が支給されることがあります。

対象者・手続き

傷病手当金を受給するためには、療養のために働けなくなり、その結果、連続して3日以上休んでいたことが要件となります。「療養のため」とは、療養の給付を受けた（健康保険を使って医院等を受診した）という意味に限らず、自分で病気やケガの療養を行った場合も含みます。医師の証明は必要です。「働くことができない」状態とは、病気やケガをする前にやっていた仕事ができないことを指します。「軽い仕事だけならできるが以前のような仕事はできない」という場合にも、働くことができない状態にあたります。

傷病手当金の給付を受けるためには、傷病手当金支給申請書を、事業所を管轄する全国健康保険協会（協会けんぽ）の都道府県支部、または会社の健康保険組合に提出することが必要です。

なお、市区町村等が運営する国民健康保険（国保）も条例で傷病手当金を支給することができる規定がありますが（国民健康保険法58条2項）、実施している国保はありません（令和6年度11月時点で、新型コロナウイ

■ 傷病手当金の支給期間

ルス感染症の拡大を受けて、適用期間を限定して傷病手当金の支給を行っている国保はあります）。

·· **高額療養費制度** ································

どんな制度なのか

　医療費の自己負担額が一定の基準額を超えた場合に被保険者に給付される（払い戻される）のが健康保険の高額療養費です。

　高額療養費は、被保険者や被扶養者が同じ月に同じ病院などで支払った自己負担額（入院時の食費負担や差額ベッド代などは含まれません）が、高額療養費算定基準額（自己負担限度額）を超えた場合、その超えた部分の額が高額療養費として支給されます。医療費の1か月あたりの自己負担限度額は、被保険者の年齢や所得の多寡によって異なります。なお、令和7年8月より自己負担限度額は引上げが予定されています。また、令和8年度には、所得区分を細分化した上でさらに上限額を引き上げる方向で検討されています。

対象者・手続き

　対象者は健康保険に加入できる75歳未満の健康保険の被保険者（被扶養者）です。70歳未満の人は、所得に応じて5つに区分けされており、所得が高いほど自己負担額が高くなります。所得が「標準報酬月額28万～50万円」の範囲の人については、原則として、以下の計算式で算出します。

　80,100円＋（総医療費－267,000円）×1％

　70～74歳の人については、「現役並み所得者」「一般所得者」「低所得者」の3つに区分けされており、所得が「一般所得者」の人については、個人ごとの外来について18,000円、世帯の外来・入院について57,600円が上限です。所得が「現役並み所得者」の人の自己負担限度額の計算方法は、所得に応じてさらに3つに区分けされており、70歳未満の人の自己負担限度額と同じ計算式を使用して算出します。

　高額療養費は、医療機関受診時にマイナ保険証を提示するか限度額適用認定証を提出することで、窓口での支払額を自己負担限度額までとすることができます。医療機関の窓口で自己負担限度額を超えて支払った場合は、

■ 医療費の自己負担限度額（限度額を超えた額が高額療養費として払い戻される）…

● 1か月あたりの医療費の自己負担限度額（70歳未満の場合）

所得区分	自己負担限度額	多数該当
標準報酬月額 83万円以上の方	252,600円＋ (総医療費－842,000円)×1%	140,100円
標準報酬月額 53万～79万円の方	167,400円＋ (総医療費－558,000円)×1%	93,000円
標準報酬月額 28万～50万円の方	80,100円＋ (総医療費－267,000円)×1%	44,400円
一般所得者 (標準報酬月額26万円以下)	57,600円	44,400円
低所得者 (被保険者が市町村民税 の非課税者等)	35,400円	24,600円

● 1か月あたりの医療費の自己負担限度額（70～74歳の場合）

被保険者の区分		医療費の負担限度額	
		外来(個人)	外来・入院(世帯)
①現役並み所得者（負担割合3割の方）	現役並みⅢ (標準報酬月額 83万円以上)	252,600円＋(総医療費-842,000円)×1% (多数該当：140,100円)	
	現役並みⅡ (標準報酬月額 53万～79万円)	167,400円＋(総医療費-558,000円)×1% (多数該当：93,000円)	
	現役並みⅠ (標準報酬月額 28万～50万円)	80,100円＋(総医療費-267,000円)×1% (多数該当：44,400円)	
②一般所得者 (①および③以外の人)		18,000円 (年間上限14.4万円)	57,600円 (多数該当：44,400円)
③低所得者	市区町村民税の 非課税者等	8,000円	24,600円
	被保険者とその扶養 家族すべての人の 所得がない場合		15,000円

※多数該当とは、高額の負担がすでに直近12か月に3か月以上ある場合の4か月目以降をいう。
※令和7年(2025年)1月現在、上限額の引上げ、区分の細分化が検討されています。

第6章　困ったときに役立つ公的給付と救済制度

暦月の1か月ごとに「健康保険被保険者（被扶養者、世帯合算）高額療養
費支給申請書」をすみやかに全国健康保険協会または会社の健康保険組合
に提出して超過分の還付を受けます。

障害（補償）一時金

どんな制度なのか

労災事故によってケガや病気をし、それが治癒した後、比較的軽度の
障害が残った場合に支給されるのが、障害（補償）一時金です。障害（補
償）一時金の額は、障害の等級によって異なります。毎年支給される年金
ではなく、一回限りの一時金として支給されます。

なお、障害（補償）一時金が支給される者には障害特別支給金と障害特
別一時金（賞与など特別給与に基づいて別に算定）がそれぞれ支給されます。

対象者・手続き

障害（補償）一時金の支給対象になるのは、残った障害の等級が8級か
ら14級までの人です。請求の手続きは、ケガや病気が治癒した段階で行い
ます。この場合の治癒とは、元の状態に戻ったことを言うのではなく、症
状が固定し、治療を継続しても改善が期待できない状態をいいます。

請求先は、所管の労働基準監督署です。請求書には、診断書を添付する
必要があるので、医療機関に依頼して記載してもらいましょう。場合によっ
てはレントゲンなどの証明資料を添付するよう求められることがあります。

なお、障害（補償）一時金の請求権は、ケガや病気が治癒したと判断さ
れた日の翌日から5年を経過すると時効によって消滅しますので、できる
だけすみやかに請求手続きを行うようにしましょう。

障害（補償）年金

どんな制度なのか

業務上や通勤途上での労災事故によって重度から中程度の障害が残った
場合に支給されるのが、障害（補償）年金です。重度の障害が残ると仕事
をすることができなくなりますし、中程度の障害が残った場合には仕事を

行うことが著しく制約されることになります。このため、一時金ではなく年金の形で長く支援することになっているわけです。支給額は障害の等級によって異なります。なお、障害（補償）年金が支給される者には障害特別支給金と障害特別年金が支給されます。

対象者・手続き

　障害（補償）年金の支給対象になるのは、労災事故によって残った障害の等級が1級～3級（重度）、4級～7級（中程度）までの人です。請求書の様式は労働基準監督署などで入手することができます。これに必要事項を書き入れ、請求書に添付する診断書に医師（歯科医師）に診断内容を記入してもらい、事業主の証明を受けて請求先の労働基準監督署に提出します。必要に応じてレントゲン写真などを求められることがありますので、事前に確認しておきましょう。なお、障害（補償）年金の請求権の時効は、ケガや病気が治癒したと判断された日の翌日から5年です。この期間を超えると請求することができませんので注意してください。

高額介護サービス費

どんな制度なのか

　介護保険制度は、被保険者が、介護を必要とする状態になったときに必要なサービスが提供される公的社会保険制度です。

　被保険者は、第1号被保険者と第2号被保険者に分かれています。65歳以上の人が第1号被保険者で、医療保険に加入している40～64歳の人が第2号被保険者です。介護保険の利用者は、利用したサービスについての費用につき、原則1割を自己負担しますが、住民税を課税されている65歳以上の人で、一定の収入のある人は2～3割負担となります。

　介護給付を受けるために認定を受けた利用者は、その認定の度合いによって受けられる給付額が異なります。このように、介護保険で利用できるサービスの費用の上限を要介護度・要支援度ごとに定めたものを区分支給限度額（月額）といいます。ただし、在宅サービスの利用料の自己負担額が高額になってしまった場合や、施設サービスでの自己負担額が高額になってしまった場合には、高額介護サービス費として、市区町村から支給

第6章　困ったときに役立つ公的給付と救済制度　233

（払戻し）を受けることができます。

対象者・手続き

自己負担額の上限は、①生活保護受給者や、住民税非課税でかつ公的年金収入額と合計所得金額の合計が80万円以下の利用者については15,000円（世帯24,600円）、②世帯全員が住民税非課税で①に該当しない場合については24,600円、③課税所得が380万円未満の世帯については44,400円、④課税所得が380万円〜690万円未満の世帯は93,000円、⑤課税所得が690万円以上の世帯は140,100円です。自己負担額を超え、高額介護サービス費の支給を申請する場合、市区町村で手続きを行います。

············ **遺族（補償）給付** ············

どんな制度なのか

労働者が仕事中（業務上）または通勤途中に死亡した場合に、残された遺族の生活保障を目的として支給されるのが労災保険の「遺族（補償）給付」です。正式には、業務災害の場合は「遺族補償給付」といい、通勤災害の場合は「遺族給付」といいますが、この2つを併せて、遺族（補償）給付と呼んでいます。遺族（補償）給付には年金と一時金があります。

遺族（補償）年金の受給資格者がいる場合には、その者に「遺族（補償）年金」が支給されます。遺族（補償）年金の給付額は、遺族の数に応じ給付基礎日額の153日分から245日分の年金となります。

遺族（補償）年金の受給資格者がいない場合や、遺族（補償）年金の受給資格者はいるがその権利が消滅し、他に年金を受け取る遺族がいない場合には、一定の遺族に「遺族（補償）一時金」が支給されます。遺族（補償）一時金の金額は給付基礎日額の1000日分です（前払一時金が支払われている場合には1000日分との差額）。

対象者・手続き

遺族（補償）年金を受ける権利のある遺族を受給資格者といいます。

受給資格者になることができる遺族は、労働者の死亡当時にその労働者の収入によって生計を維持していた配偶者、子、父母、孫、祖父母、兄弟

姉妹です。この場合の配偶者には事実上婚姻関係（内縁関係）と同様の事情にある者を含みます。また妻以外の遺族については、年齢による制約（高年齢または年少）や一定の障害状態にあることなどの要件があります。

これらの受給資格者のうち、最も先順位の者（遺族）だけが受給権者となって、実際に遺族（補償）年金を受給することになります。

遺族（補償）給付を受給するためには、労働者の死亡日の翌日から５年以内に事業所管轄の労働基準監督署に「遺族（補償）年金支給請求書」「死亡診断書」「戸籍謄本（抄本）」などを提出します。

························ **葬祭料（葬祭給付）** ························

どんな制度なのか

葬祭料（葬祭給付）は、労働者が業務上または通勤途中に死亡した場合に、原則として死亡した労働者の遺族に対して支給されます。業務上の災害などで死亡した場合の給付を「葬祭料」といい、通勤途中の災害などで死亡した場合の給付を「葬祭給付」といいます。支給額は31万5,000円に給付基礎日額の30日分を加えた額ですが、この額が給付基礎日額の60日分より少ない場合は、給付基礎日額の60日分が支給されることになっています。

対象者・手続き

葬祭料・葬祭給付は、死亡した人の葬祭を行った人を対象として支給されます。通常は遺族が対象となりますが、葬祭を行う遺族がおらず、友人や会社が葬儀を行ったという場合には、その友人や会社に対して支給されることもあります。

葬祭料・葬祭給付を請求する場合は、所轄の労働基準監督署に「葬祭料請求書」または「葬祭給付請求書」を提出します。葬祭料・葬祭給付を請求する場合の添付書類としては、「死亡診断書」や「住民票の除票」など、本人の死亡の事実と死亡年月日を確認できる資料があります。ただ、遺族（補償）給付の請求書をすでに提出している場合は、すでに証明書類を提出してあるはずですから、改めて提出しなくてもよいことになっています。

なお、葬祭料の請求権は、本人が死亡した日の翌日から２年を経過すると時効により消滅しますので、注意してください。

第6章　困ったときに役立つ公的給付と救済制度　235

··················· **埋葬料** ···················

どんな制度なのか

　健康保険に加入している労働者（被保険者）が業務外の事由で死亡した場合には、その被保険者により生計を維持されていた人で、かつ埋葬を行う人に対し埋葬料が支払われます。埋葬料は、被保険者が自殺した場合にも支払われます。また、被保険者に扶養されている家族が死亡した場合には、被保険者に対し家族埋葬料が支払われます。

対象者・手続き

　「被保険者により生計を維持されていた人」とは、死亡した被保険者の配偶者や子などです。遺族が一般的ですが、民法上の親族である必要はなく、同居していない者であってもかまいません。生計の一部を維持されていた人も含まれますし、健康保険の被扶養者である必要もありません。

　「埋葬を行う人」とは、常識的に考えて埋葬を行うべき人のことです。たとえば、被保険者の配偶者や子がこれにあたります。被保険者の配偶者や子がいない場合は、被保険者の兄弟姉妹やその他親戚の者などです。

　埋葬料・家族埋葬料の額は、一律5万円です。健康保険組合によっては、これに付加埋葬料を上乗せしているところもあります。

　死亡した被保険者に家族がいないなど、埋葬料を受け取るべき人がいない場合は、実際に埋葬を行った人に「埋葬費」が支給されます。埋葬費の額は、埋葬料の金額を上限として、火葬費や僧侶への謝礼など実際に埋葬に要した実費相当額です。

　埋葬料を請求するときは、「健康保険被保険者（家族）埋葬料（費）支給申請書」に、「死亡診断書」などを添付して保険者に提出します。このとき、「健康保険被保険者資格喪失届」と被保険者の「健康保険証」（被扶養者分も含む）も一緒に提出することになります。埋葬料は死亡の翌日から2年以内、埋葬費は埋葬を行った日の翌日から2年以内に請求します。

··················· **所得税の医療費控除** ···················

どんな制度なのか

　自分自身や家族が病気やケガをして病院などにかかり、医療費を支払っ

た場合には、一定の金額の所得控除を受けることができます。これを医療費控除といいます。また、医療費控除の特例として、健康保持増進や疾病予防を目的に、薬局などでの特定一般用医薬品の購入、予防接種に要した一定の金額の所得控除を受けることもできます（セルフメディケーション税制、令和8年12月31日まで）。これらの控除を受けることにより、所得税の負担が軽減されることになります。

対象者・手続き

　申告者がその年において、申告者本人または申告者と生計を一にする配偶者などの親族（家族など）の医療費を一定額以上支払った場合に適用されます。医療費控除を利用する場合は、源泉徴収をされている会社員であっても、必ず確定申告をする必要があります。

　医療費控除の対象となるのは、確定申告の対象となる年の1月1日から12月31日までの間に実際に支払った医療費です。医療費として支払うべき金額が確定していても、12月31日までに実際に支払ったものでなければ医療費控除の対象とはなりませんので注意してください。

　医療費控除の対象となる金額は、次の式で計算した金額（最高で200万円）です。なお、医療費の総額とは病院などの窓口で現金で支払う自己負担額の合計額のことです。

　医療費控除額（最高200万円）＝（その年中に実際に支払った医療費の総額−保険金などで補てんされる金額）−10万円（注）
（注）総所得金額等の合計額が200万円未満の場合はその5％相当額

　上の算式中の総所得金額等とは、わかりやすくいうと、収入から経費を引いたもので、所得のことです。会社員などの給与所得者の場合、事業を行っている個人事業者のように実際に支払った経費（仕入代金や人件費など）を収入から差し引いて所得を求めるのではなく、給与などの収入金額に応じてあらかじめ定められた控除額（給与所得控除）を収入から差し引いて所得を求めます。

第6章　困ったときに役立つ公的給付と救済制度　237

出産・子育て・介護

································· **出産育児一時金** ·································

どんな制度なのか

　妊娠・出産は病気やケガではありません。このため、定期健診や正常分娩にかかる費用については療養の給付を受けることができず、全額自己負担となります。しかし、出産し、育児が始まると経済的な負担は非常に大きくなります。そこで、健康保険では、出産費用の補助を行っています。これを出産育児一時金といいます。

対象者・手続き

　被保険者またはその被扶養者である家族が妊娠4か月以後（妊娠85日以後）に出産したときに、一児につき50万円が支給されます（双児以上の場合は50万円×人数分）。ただし、出産した医療機関等が産科医療補償制度に加入していない場合は、一児につき48万8,000円の支給になります。産科医療補償制度とは、出産の際に重度の脳性麻痺が発生した場合、医療機関に過失がなかったとしても、その出生児に対して補償（総額3,000万円）を行うという制度です。補償を受けるためには出産を行う医療機関側が1つの分娩について1万2,000円の保険料を負担する必要があるため、その分、出産育児一時金が上乗せされています。出産育児一時金は、妊娠85日以後であれば生産に限らず、死産や流産でも支給されます。また、被保険者資格を喪失する日の前日まで継続して1年以上被保険者期間のある人が、資格喪失後6か月以内に出産した場合も支給されます。ただ、資格喪失後に夫の被扶養者となって「家族出産育児一時金」を受けられる場合は、どちらか一方の選択となります。

　なお、出産費用が出産育児一時金の支給額を超える場合は、その差額分を自己負担することになります。

·········· **出産手当金** ··········

どんな制度なのか

　出産のために仕事を休んだ場合の賃金の補てんとしての給付を出産手当金といいます。

　被保険者が出産のため会社を休み、給料（報酬）を受けられないときは、出産日（出産予定日より遅れた場合は予定日）以前42日（多胎妊娠のときは98日）から出産日後56日までの期間、欠勤１日につき標準報酬日額の３分の２が支給されます。

　給料が支払われないとは、まったく支払われない場合だけでなく、出産手当金の額（標準報酬日額の３分の２）に満たない給料の場合も対象となります。その場合は出産手当金から支給された給料を控除した額が支給されます。

対象者・手続き

　出産手当金を請求する場合、産前、産後別または産前産後一括してそれぞれの期間経過後に、事業所管轄の全国健康保険協会の都道府県支部または会社の健康保険組合に提出します。出産手当金を受けられる日ごとにその翌日から起算して２年で時効となり、請求権がなくなります。

　出産を機に退職する労働者もいると思いますが、出産手当金は在職中の労働者にだけ支給される手当というわけではありません。会社などを退職し、健康保険の被保険者としての資格を喪失した労働者に対しても出産手当金が支給されることがあります。

　ただし、退職後に出産手当金の支給を受けるためには健康保険の資格喪失日の前日（退職日）までに引き続き１年以上被保険者（任意続被保険者と共済組合の被保険者を除く）であること、資格を喪失した際に出産手当金の支給を受けているか受給要件を充足していること、が必要です。また、退職日に出勤すると資格喪失後の出産手当金の受給要件を満たさなくなってしまうため注意が必要です。

·········· **育児休業給付金** ··········

どんな制度なのか

　原則として、１歳未満の子を養育するために休みを取得できるのが育児

第6章　困ったときに役立つ公的給付と救済制度　**239**

休業制度ですが、一定の要件を満たす育児休業取得者は育児休業給付金を受給できます。支給金額は、休業開始後6か月間については、休業開始時の賃金日額に支給日数を乗じた額の67%相当額です。休業開始から6か月が経過した場合は、給付割合は50%となります。

　支給期間は、子が1歳になるまでが原則です。ただし、保育所に入所申込みを行ったが定員オーバーで入所できない場合や、配偶者の死亡や疾病により養育が困難な場合など、一定の延長事由が認められる場合には、1歳6か月または2歳まで支給期間が延長される場合があります。また、父母がともに育児休業を取得するパパ・ママ育休プラス制度や、子の出生直後に取得できる産後パパ育休という制度もあります。パパ・ママ育休プラス制度を利用する場合は、子が1歳2か月になるまでの最大で1年間（女性の場合は産後休業期間を含む）となります。

対象者・手続き

　通常の育児休業は、父親も取得することができます。育児休業給付金を取得するためには以下の要件を満たすことが必要です。

・雇用保険の一般被保険者（1週間の所定労働時間が20時間（令和10年10月からは10時間）以上で、31日以上雇用される見込みのある者のこと）であること

・育児休業開始日前の2年間に、雇用保険の被保険者として賃金の支給を受けていた日が11日以上ある月を12か月以上有していること

・事業主に対して育児休業開始日の1か月以上前までに育児休業取得の申し出をしていること

　事業主は、初回の支給申請を行う日までの間に、管轄のハローワークに休業開始時賃金月額証明書を提出して、受給資格確認手続をしなければなりません。通常は、「育児休業給付受給資格確認票・（初回）育児休業給付金支給申請書」を同時に提出して、初回支給申請を併せて行います。受給資格確認手続と初回支給申請を併せて行う場合、休業開始日から4か月を経過する日の属する月の末日までに行う必要があります。この場合、「賃金台帳」「出勤簿」などの記載内容を証明する書類と「母子健康手帳」などの育児の事実を確認できる書類のコピーを添付する必要があります。

　なお、2回目以降の申請は、ハローワークから交付される「育児休業給

付金支給申請書」を提出します。

##################### 産休中の社会保険料免除 #####################

どんな制度なのか

　産休期間中は収入が減るため、社会保険料は労働者にとって大きな重荷です。その社会保険料が負担にならないようにするために設けられたのが、産休中は社会保険料の納付が免除されるという制度です。

　免除される社会保険料は、健康保険、介護保険、厚生年金保険です。労働者本人の負担分だけでなく、会社負担分についても免除されることになっています。この制度の適用を受けるためには、事業主が年金事務所に申し出なければなりません。免除を受けるためには、労働者が実際に仕事を休んでいることが必要ですが、有給・無給であるかは問いません。

対象者・手続き

　産休とは、出産の日の6週間前（双子以上の場合は14週間前）から出産後8週間の休業のことです。出産を予定している労働者が申し出たときは、事業主は、産休を取らせなければならないということが、労働基準法によって規定されています。

　保険料免除は日割計算ではなく月単位なので、免除の対象となる期間は、産休を開始した月から、産休終了日の翌日がある月の前の月（産休終了日が月の末日の場合は産休終了月）までです。

　社会保険料の支払いが免除されてもその期間中は保険料を支払ったものとして扱われるので、健康保険・介護保険の給付を受けることができ、また年金も減額されることはありません。

　産休中の社会保険料免除を受けるためには、労働者からの申し出（産休中または産休終了日から1か月以内に行う必要があります）を受けた事業主が、事業所管轄の年金事務所に「健康保険・厚生年金保険産前産後休業取得者申出書」を提出しなければなりません。

　また、社会保険に加入しておらず、国民年金のみに加入している者についても出産前後の一定期間、国民年金保険料が免除されます。免除期間は、出産予定日または出産日が属する月の前月から4か月間です。対象となる

第6章　困ったときに役立つ公的給付と救済制度　241

のは免除期間内に国民年金第1号被保険者の期間を有する人です。国民年金保険料の免除を受けるには、住んでいる市区町村にある国民年金担当窓口に母子手帳などを提出しなければなりません。免除の届出は出産予定日の6か月前から行うことが可能です。

················ 育児休業期間中の社会保険料免除 ···············

どんな制度なのか

育児休業期間中は、労働者の収入がどうしても少なくなります。このため、社会保険料の納付が負担にならないようにするため、社会保険料の納付が免除される制度が設けられています。

免除される社会保険料は、健康保険、介護保険、厚生年金保険です。この場合、労働者本人の負担分だけでなく、会社負担分についても免除されることになっています。この制度の適用を受けるためには、事業主が年金事務所に申し出ることが必要です。

免除される期間は、育児休業を開始した月から、終了した日の翌日がある月の前月までです。育児休業期間中、労働者の給与が有給であるか無給であるかは問いません。

対象者・手続き

社会保険料の免除が認められるのは、法定の育児休業期間（最長2歳まで）、および子が3歳になるまでの育児休業に準じる休業ですので、休業期間中であっても、子が3歳になればその時点で免除は終了します。

なお、社会保険料の支払いが免除されてもその期間中は保険料を支払ったものとして扱われますので、健康保険・介護保険の給付を受けることができ、また年金も減額されることはありません。

この育児休業期間中の社会保険料免除とよく似た制度で、産休期間中の社会保険の納付を免除する制度があります。これを活用すれば、産休が明けても職場復帰せず、そのまま育児休業に入って、保険料免除をそのまま継続することもできます。ただし、届出は改めて行わなければなりませんので、注意が必要です。

育児期間中の社会保険免除を受けるためには、労働者からの申し出を受

けた事業主が、事業所管轄の年金事務所に「健康保険・厚生年金保険育児休業等取得者申出書」を提出することが必要です。

児童手当

どんな制度なのか

子育てにかかる費用の負担を少しでも軽減するために支給されているのが児童手当です。

支給対象となる児童は、令和6年10月からは0歳から高校生年代まで（0歳から18歳になった後の最初の3月31日まで）まで拡大されました。

支給金額（月額）は以下のとおりです。
・0歳〜3歳未満：1万5,000円（第3子以降は3万円）
・3歳〜高校生年代まで：1万円（第3子以降は3万円）

また、これまで支給されていた児童手当と異なり、養育者の所得について所得制限が廃止されました。

対象者・手続き

児童手当を受給するためには、居住する地域の市区町村で認定手続きが必要です。支払時期についても変更があり、年3回の支給から年6回の支給（偶数月に前月までの2か月分を支給、たとえば4月〜5月分については毎年6月に支払われます）に変わりました。

児童扶養手当・特別児童扶養手当

どんな制度なのか

児童扶養手当とは、父母の離婚などで、父または母と生計を同じくしていない子どもが育成される家庭（ひとり親家庭等）の生活の安定と自立の促進に寄与し、子どもの福祉の増進を図ることを目的として、支給される手当です。

対象者・手続き

子どもをかかえて離婚したひとり親などに対しては、児童扶養手当が

第6章　困ったときに役立つ公的給付と救済制度

支給されます。母子家庭に限らず父子家庭も対象で、配偶者からの暴力（DV）で「裁判所からの保護命令」が出された場合も支給されます。18歳に達する年度末まで（障害児は20歳まで）の間にある児童が対象で、手当額は、児童義務者の所得によって全部支給の場合は45,500円・一部支給の場合は45,490円〜10,740円（令和6年4月から）です。2人目以降の児童への加算もあります。

　子どもの精神あるいは身体に障害がある場合は、特別児童扶養手当が支給されます。法律で定められた1級障害児に対しては月額5万5,350円、2級障害児については月額3万6,860円が支給されます（金額は令和6年4月からの支給額）。

■ 児童扶養手当の概要

対　象　者	次のいずれかの状態にある児童（18歳になった日以降の最初の3月31日まで、一定の障害がある場合は20歳未満）を養育している母や父、または養育者に支給される。 ① 父母が婚姻を解消（離婚など）した児童 ② 父又は母が死亡した児童 ③ 父又は母が一定以上の障害の状態にある児童 ④ 父又は母が生死不明の児童 ⑤ 父又は母に1年以上遺棄されている児童 ⑥ 父又は母が裁判所からのDV保護命令を受けた児童 ⑦ 父又は母が1年以上拘禁されている児童 ⑧ 婚姻によらないで生まれた児童 ⑨ 棄児などで父母がいるかいないかが明らかでない児童
手　当　額 （令和2年度の基準）	・全部支給：45,500円 ・一部支給：10,740円〜45,490円 ※父や母、または養育者の所得（扶養親族の数によって異なる）によっては支給制限の対象になる ・児童2人以上の場合は、2人目に月額5,380円〜10,750円、3人目以降も2人目と同額が加算される（令和6年11月から）。
支　給　方　法	1月・3月・5月・7月・9月・11月の年6回、2か月分ずつが受給者の口座に振り込まれる。
問い合わせ先	住所地の市区役所・町村役場

これらの手当の支給を受けようとする場合、手当を受けようとする者が居住する市区町村の窓口で手続きをすることになります。

ひとり親家庭等医療費助成

どんな制度なのか

ひとり親家庭について、医療費の自己負担部分を、一部を除いて免除する制度です。子供の医療費だけでなく、親や養育者の医療費についても免除されます。東京都の場合、各市区町村で手続きをすると、「マル親医療証」が交付されます。この「マル親医療証」と健康保険証をセットにして、医療機関の窓口に提出すると、医療費の自己負担分が一部または全部免除されるしくみです。ただし、各市区町村の外で治療を受けたり、この制度を扱っていない医療機関に行くこともあります。その場合は、医療機関で支払いをすませた後、領収書を添えて市区町村役場に申請をして、多く支払った分を返してもらうことになります。

対象者・手続き

対象者は、母子家庭の母、父子家庭の父、両親がいない児童を養育している人、その家庭の18歳未満の子供（障害がある場合は20歳未満）などです。ただし、各市区町村が定めた所得制限以上の所得がある人、生活保護受給者、健康保険未加入者などは対象外です。申請手続きは、各市区町村役場で行います。詳しくは、各市区町村のホームページを見るか、担当部署に問い合わせてください。

母子（父子）寡婦福祉資金貸付金制度

どんな制度なのか

国から支給される手当の他に、母子（父子）寡婦福祉資金貸付金制度という低利の融資制度もあります。就職に必要な職業技能を身につけるための技能習得資金、事業を始めるための事業開始資金、あるいは子どもを学校に入学させるための修学資金、住宅の建設・改築・保全のための住宅資金などさまざまな貸付金が用意されています。いずれも年1％の利子ある

第6章 困ったときに役立つ公的給付と救済制度 245

いは無利子で、一定の据え置き期間経過後に返済することになります。

対象者・手続き

　母子（父子）寡婦福祉資金貸付金制度の対象者は、20歳未満の子どもを扶養する母子（父子）家庭の母親（父親）です。申請にあたっては、物的担保（抵当権や質権など）は不要ですが、資金の種類によっては連帯保証人が必要な場合があります。申請は居住する市区町村の福祉担当窓口で行い、審査を経て貸付けの可否が決まります。

·························· 就学援助制度 ··························

どんな制度なのか

　一定の基準を満たす低所得の世帯を対象に、小中学生の子供の就学に必要な費用を援助する制度です。就学に必要な費用を幅広くカバーしています。具体的には、給食費、学用品費、修学旅行費、医療費（特定の病気のみが対象）、通学費、体育実技用具費、クラブ活動費などの費用が対象です。費用の支給は、実際にかかった費用を支給する実費支給と、かかった費用にかかわらず一定の額を支給する定額支給があります。支給方法は、口座振込みです。ただし、給食費や医療費については、学校や医療機関に直接支払われる場合もあります。

対象者・手続き

　利用対象は、生活保護を受給している世帯と、それに準じる程度の低所得の世帯です。後者は、各市区町村によって認定の基準が異なります。また、援助内容や手続きの方法についても各市区町村によって異なります。詳細は、各学校、市区町村、教育委員会などに問い合わせてみましょう。

その他

························ **国民健康保険の保険料減免** ························

どんな制度なのか

　国民健康保険には、倒産やリストラなどの非自発的理由での失業によって加入した人の保険料を軽減する制度があります。国民健康保険は前年の所得などをもとに保険料を算出しますが、この制度では、前年度の所得を3割とみなして計算するため、その分だけ保険料が安くなります。軽減が受けられる期間は、退職日の翌日のある月から翌年度末までです。ただし、再就職が決まり、会社の健康保険に加入した場合は、国民健康保険を脱退するので軽減措置は終了します。

対象者・手続き

　対象者は、雇用保険の特定受給資格者と特定理由退職者で、65歳未満の人です。特定受給資格者とは、倒産、リストラなどの理由で退職した人です。一方、特定理由退職者は、病気やケガ、体力不足、有期労働契約の期間満了による雇止め、親族の扶養や介護が必要になったなどの理由で退職した人です。申請手続きは、各市区町村役場で行います。手続きには、雇用保険の受給資格者証が必要になります。

················ **国民年金の保険料免除・納付猶予** ···············

どんな制度なのか

　自分で直接保険料を納付することになっている第1号被保険者の場合は、経済的に困窮していて、保険料を払えないということもありえます。

　そこで、救済措置として「保険料免除制度」が設けられました。保険料の免除には「法定免除」と「申請免除」があります。法定免除は、障害基礎年金をもらっている人や生活保護法に基づく生活扶助を受けている人などのための免除制度です。申請免除は、前年の所得が少ないなど経済的な

第6章　困ったときに役立つ公的給付と救済制度　247

理由で保険料を納めることが困難な人のための免除制度です。

対象者・手続き

申請免除には、保険料の全額が免除される「全額免除」と、保険料の4分の3が免除される「4分の3免除」、保険料の半額が免除される「半額免除」、保険料の4分の1が免除される「4分の1免除」があります。また、納付猶予には50歳未満の人の納付猶予、学生納付特例があります。

第1号被保険者、配偶者、世帯主で、保険料を納付することが困難なときは、住所地の市区町村役場で申請して承認を受けた場合には、免除の内容に応じて保険料が免除されます。保険料の納付免除（全額・一部）・納付猶予・学生納付特例の申請は、保険料の納付期限から2年を経過していない期間、過去にさかのぼって申請できます。

………………………… 所得税の還付 …………………………

どんな制度なのか

1か月の収入が一定額を超えると、給料から所得税が源泉徴収されます。しかし、1年間の収入が103万円以下だったり、生命保険などに加入している、扶養家族が増えたなどの事情がある場合、1年間の収入で計算すると、源泉徴収された所得税が納めすぎになることがあります。このような場合、還付申告をすれば納めすぎた税金が返ってくることになっています。

対象者・手続き

会社員などの場合、年末調整の手続きをすれば、源泉徴収された税金の還付を受けることができます。しかし、1年間の医療費の負担額が一定額を超えていて医療費控除を受けたい場合や、年の途中で退職して年末調整を受けていないといった場合、確定申告によって還付申告をする必要があります。書類は税務署などの窓口に取りにいくか、国税局のホームページからダウンロードすれば入手することができます。提出は税務署の窓口に直接持参するか、郵送します。一定の手続きをすればインターネット（e-Tax）でも提出できるようになります。

還付金の請求は、1年間いつでも行うことができますが、請求できる日

から5年間の間に行わないと時効により請求権が消滅しますので注意してください。なお、今年の還付請求を3年後にしたとしても、その税額はあくまでも今年の各種控除や特例を基に計算されます。適用される税率も今年の税率が適用されます。

⋯⋯⋯⋯⋯⋯⋯⋯ 生活福祉資金の貸付け ⋯⋯⋯⋯⋯⋯⋯⋯

どんな制度なのか

　低所得世帯や高齢者世帯などに対し、低利もしくは無利子で貸付けを行う制度です。貸付資金の種類としては、①生活を再建するため等の資金を貸し付ける総合支援資金、②冠婚葬祭費や技能習得期間中の生活費などを貸し付ける福祉資金、③子どもを高校や大学などに進学させるための資金を貸し付ける教育支援資金、④一定の居住用不動産を担保として生活資金を貸し付ける不動産担保型生活資金の4種類があります。さらに、失業したり災害に被災した等により、収入が減った世帯に対して、特例の貸付けも実施されています。貸付けを受けることができる金額は、貸付資金の種類、世帯人数や収入などによって異なります。

対象者・手続き

　貸付けが受けられるのは、市町村民税非課税程度の低所得世帯で、他からの資金の借入れが困難な世帯および障害者や高齢者が属する世帯です。失業したり災害に被災した等により、収入が減少し、生計の維持が困難になった世帯は、緊急小口貸付を受けることができます。貸付上限額は最大20万円以内で、据置期間1年後に返済を開始します。

　申込みの際には各市区町村の社会福祉協議会の窓口に相談申請を行い、都道府県社会福祉協議会の審査を受けることになります。民生委員の面接が求められるケースもあります。総合支援資金や福祉資金の貸付けを受ける際には、連帯保証人を立てることが原則ですが、連帯保証人がいなくても利用できる融資もあります。

第6章　困ったときに役立つ公的給付と救済制度　**249**

··················· 住宅ローン減税 ·····················

どんな制度なのか

　住宅ローンを組んで、住宅の新築、購入、増改築をして、実際に住み始めると、最大13年間の税額控除を受けられる場合があります。これが住宅ローン減税（控除）です。控除額は、年末のローン残高に、0.7％を掛けた額です。ただし、年間に控除される限度額が設定されています。税額控除は、所得から所得控除額を差し引き、それに税率を掛けて算出した「税額」そのものから控除を受けるしくみです。そのため、医療費控除や配偶者控除などの所得控除よりも減税効果が高いといえます。

　なお、税額控除は、所得税で控除しきれない分については、住民税からも一部控除（上限9.75万円）されます。ただし、令和6年、令和7年に新築の住宅に入居する場合について、令和6年1月以降に建築確認を受けた新築の住宅については、住宅ローン減税を受けるためには、省エネ基準に適合する必要があります。

対象者・手続き

　新築・買取再販住宅だけでなく中古住宅も対象となります。また増築や一定規模以上のリフォーム、さらに省エネ・バリアフリー改修なども100万円超の工事費の場合は、住宅ローン減税の対象となります。買取再販とは、宅地建物取引業者により一定の増改築などが行われた一定の居住用家屋のことです。なお、申請は世帯単位ではなく、住宅ローンを借り入れる個人単位で行います。

　新築・買取再販住宅や中古住宅を取得した場合の主な住宅ローン減税（控除）の適用条件は次のとおりです。

① 　住宅取得後6か月以内に入居し、年末現在引き続き居住している。
② 　住宅の登記簿上の面積が50㎡以上である。
③ 　床面積の2分の1以上が居住用に使用されている。
④ 　控除を受ける年の年間所得金額が2,000万円以下である。
⑤ 　償還が10年以上のローンを組んでいる。など

　住宅ローン控除は、最初の年分については、税務署に確定申告をして控除を受けます。会社などに勤務している場合は、その次の年分からは勤務先を通して行う年末調整で控除を受けます。

災害弔慰金

どんな制度なのか

　自然災害によって死亡した人の遺族に対して、国がお金を支給する制度です。一家の家計を支えている人が死亡した場合は、家計に与える悪影響が大きいため、支給額が高くなります。具体的には、東京都では、死亡者1人につき250万円を支給しますが、死亡したのが生計維持者であった場合には倍の500万円を支給することになっています。災害が直接のきっかけになって死亡した場合だけではなく、災害後のさまざまなストレスがもとで病気になり、死亡した「災害関連死」についても支給対象になります。

　なお、支給対象となる災害は、①1市区町村において住居が5世帯以上滅失した災害、②都道府県内において住居が5世帯以上滅失した市区町村が3以上ある場合の災害、③都道府県内において災害救助法が適用された市区町村が1以上ある場合の災害、④災害救助法が適用された市区町村をその区域内に含む都道府県が2以上ある場合の災害、です。

対象者・手続き

　対象者は、災害によって死亡した遺族です。配偶者、子、父母、孫、祖父母までが遺族として扱われ、この順位で、支給対象者が決まります。なお、配偶者、子、父母、孫、祖父母がいない場合は、死亡者と同居するまたは生計を同じくしていた兄弟姉妹も支給の対象となります。申請手続きは、各市区町村役場で行います。

災害障害見舞金

どんな制度なのか

　災害障害見舞金は、自然災害によって重度の障害を負った人に国がお金を支給する制度です。家族の家計を支えていた人が障害を負うと、家計に与える打撃が大きいため、支給額が多く設定されています。具体的には、東京都では、1人あたり125万円を支給しますが、障害を負ったのが生計維持者の場合には、その倍の250万円を支給する決まりです。

　対象となる災害は、災害弔慰金と同様に一定の要件をクリアするものに限定されます。障害年金の支給条件を満たす場合には、災害障害見舞金と

第6章　困ったときに役立つ公的給付と救済制度

障害年金の両方を受け取ることができます。

対象者・手続き

　支給対象者は、災害によって日常生活が困難になるほどの重度の障害を負った人です。たとえば、両眼を失明した人、内臓の機能に障害が残って要介護状態になった人などです。申請手続きは、各市区町村で行います。

···························· **雑損控除** ····························

どんな制度なのか

　災害や盗難、横領などによって資産に損害を受けた場合に、受けることができる一定の金額の所得控除を雑損控除といいます。これにより、課税対象額（課税標準）を減らして所得税の負担を軽減することができます。

対象者・手続き

　雑損控除の対象となるための要件としては、まず、申告者または申告者と生計を一にする親族（家族など）で、課税標準の合計額が基礎控除額（58万円）以下である人が、災害・盗難・横領により、生活に通常必要な住宅、家具、衣類などの資産について損失を受けたことが挙げられます。

　一方、事業用の資産や別荘、書画、骨とう、貴金属等で1個・1組の価額が30万円を超えるものなどは対象とはなりません。

　また、損害の原因は、①震災、風水害、冷害、雪害、落雷など自然現象の異変による災害、②火災、火薬類の爆発など人為による異常な災害、③害虫などの生物による異常な災害、④盗難、⑤横領のいずれかに該当した場合に限られます。なお、④や⑤ではなく詐欺や恐喝によって損害を受けた場合には雑損控除は受けられません。

　控除額の金額は、次のⓐとⓑのうち、多い金額が控除額となります。

ⓐ　差引損失額－総所得金額等×10%

ⓑ　差引損失額のうち災害関連支出の金額－5万円

　なお、雑損控除は他の所得控除に先立って控除し、控除しきれない金額は、3年間繰り越すことができます。また、東日本大震災によるものは、5年間繰り越すことができます。

······· **災害減免法による所得税の減額** ·········

どんな制度なのか

　自然災害などによって住宅や家財に損害を受けた場合、災害減免法の適用を受けられる可能性があります。この法の適用を受けると、所得税の全額もしくは一部が減免されます。類似の制度として「雑損控除」がありますが、これらを重複して受けることはできません。雑損控除と災害減免法のいずれの適用も受けられる場合は、対象者がどちらか有利な一方を選択すればよいことになっています。

対象者・手続き

　災害減免法による減免を受けることができるのは、災害によって住宅や家財に時価の2分の1以上の損害を受けた人のうち、災害に遭った年の年間所得の合計が1,000万円以下の人とされています。その災害が盗難や横領である場合や、年間所得が1,000万円を超える人については対象外となりますが、雑損控除を受けることは可能です。

　減免される所得税の額は、所得が500万円以下の場合は全額、500万円を超え750万円以下の場合は2分の1、750万円を超え1,000万円以下の場合は4分の1です。法の適用を受けるためには、確定申告書に災害減免法による減免を受ける旨および被害の状況・損害額を記載して所管の税務署に提出する必要があります。

····· **国税の納付の猶予制度** ·····

どんな制度なのか

　一度に納税をすると生活が困難になる場合や、災害で財産を失ってしまった場合など、特定の事情があるときは、税務署に申請をすることで、国税の納付の猶予制度を受けられる可能性があります。この制度を利用することで、期限後でも、資力に応じた額で分割納付等をすることができます。猶予期間中（最大1年間）は延滞税が免除または軽減されます。

対象者・手続き・申請期間

　制度を利用できるのは、一度に納税することで、事業の継続や生活の

第6章　困ったときに役立つ公的給付と救済制度　253

維持が困難となるおそれがある人です。納税について誠実な意思があること、猶予を受けようとする国税以外に滞納がないこと、が必要です。申請は、納期限から6か月以内に行わなければなりません。

···················· 住居確保給付金 ····················

どんな制度なのか

　離職等により収入が減少し、住居を失った、またはそのおそれがある人に対して、就職に向けた活動をすることを条件に、家賃相当額を自治体から家主に支給する制度です。一定の要件を充たした場合、原則3か月間（就職活動を誠実に行っている場合は最大で9か月まで延長可能）、支給を受けることができます。支給される金額は、単身世帯か複数世帯かによって異なりますが、東京23区の場合、単身世帯で5万3,700円、2人世帯だと6万4,000円、3人～5人世帯だと69,800円が上限（生活保護の住宅扶助額が上限）となります。

対象者・手続き・申請期間

　対象者は、主たる生計維持者が離職や廃業後2年以内である場合、または自己都合によらない休業等により、収入が離職や廃業と同程度まで減少している場合です。ハローワークへの求人の申込みをして、誠実かつ熱心に求職活動をしていることと、世帯収入や世帯の預貯金合計額が一定以下であることも必要です。住居確保給付金の申請や相談については、最寄りの自立相談支援機関で受け付けています。

Column

パートタイマーの所得調整・年末調整・社会保険

　今までは、会社員の配偶者がパートで働く場合、年収103万円以下であれば、配偶者本人の所得税が課税されず、会社員の控除対象配偶者になれました。これを「103万円の壁」と呼んでいましたが、令和7年度は、非課税枠を103万円から123万円へ引き上げるとする税制改正大綱が閣議決定されました。

　税制改正大綱では、給与収入から控除される給与所得控除額が最低65万円（55万円から10万円引上げ）、すべての人が対象となる基礎控除額が58万円（48万円から10万円引上げ（合計所得金額が2,350万円以下の場合）であるため、年収123万円以下であれば所得が「ゼロ」になり、所得税が課税されません。また、配偶者特別控除が適用される場合にも変更があり、満額の控除（38万円、配偶者が70歳以上の場合は48万円）が受けられる配偶者の年収が、150万円から160万円に引き上げられます（160万円超から減少して201万円超でゼロとなる）。これにより「150万円の壁」から「160万円の壁」となります。

　そして、パートタイマーであっても、所得税を源泉徴収されていた場合、年末調整（1年間に源泉徴収した所得税の合計額と本来の所得税額を一致させる手続き）を行うことで、源泉所得税の過納分の還付を受けることができます。

　また、「106万円の壁」や「130万円の壁」というものもあります。

　「106万円の壁」は特定適用事業所（従業員51人以上）に勤務するパートタイマー等の収入が106万円以上となると社会保険料負担が発生することを指し、「130万円の壁」については、被扶養者の収入が130万円を超えると納税者の健康保険などの扶養から外れてしまうことを指します。

　なお、「106万円の壁」については、令和8年10月には収入要件、令和9年10月には企業要件を、段階的に撤廃していく予定になっています。

【監修者紹介】
林　智之（はやし　ともゆき）
1963年生まれ。東京都出身。社会保険労務士（東京都社会保険労務士会）。早稲田大学社会科学部卒業後、民間企業勤務を経て2009年社会保険労務士として独立開業。開業当初はリーマンショックで経営不振に陥った中小企業を支えるため、助成金の提案を中心に行う。その後、中小企業の業績向上のためには、従業員の能力を最大限発揮させることが重要と考え、従業員が働きやすい社内規程を提供している。また、労働者が安心安全に働くことができる職場づくりのための「パワハラ予防社内研修」の実施や、中小零細企業に特化したモチベーションの向上を図れる「人事評価、処遇制度」の構築を提案している。さらにハイレベルな講師よりコーチングを学び、労働者が抱える様々な問題解決の手助けをしている。
主な監修書に、『障害者総合支援法と障害年金の法律知識』『建設業の法務と労務 実践マニュアル』『給与計算・賞与・退職手続きの法律と税金実務マニュアル』『最新 会社の事務と手続きがわかる事典』『最新 社会保険のしくみと届出書類の書き方』『テレワーク・副業・兼業の法律と手続き』『障害年金・遺族年金受給のためのしくみと手続き』『図解で早わかり 労働安全衛生法のしくみ』など（いずれも小社刊）がある。

櫻坂上社労士事務所（旧さくら坂社労士パートナーズ）
https://www.sakurazakasp.com/

すぐに役立つ
最新　退職・失業等給付・生活保護の法律と手続き

2025年3月20日　第1刷発行

監修者	林　智之
発行者	前田俊秀
発行所	株式会社三修社
	〒150-0001　東京都渋谷区神宮前2-2-22
	TEL　03-3405-4511　FAX　03-3405-4522
	振替　00190-9-72758
	http://www.sanshusha.co.jp
印刷所	萩原印刷株式会社
製本所	牧製本印刷株式会社

©2025 T. Hayashi Printed in Japan
ISBN978-4-384-04959-6 C2032

JCOPY〈出版者著作権管理機構 委託出版物〉
本書の無断複製は著作権法上での例外を除き禁じられています。複製される場合は、そのつど事前に、出版者著作権管理機構（電話 03-5244-5088　FAX 03-5244-5089　e-mail: info@jcopy.or.jp）の許諾を得てください。